ERES EL DIOS DE TU TIEMPO

Aprende cómo producir más en la misma cantidad de horas

Gamaliel Prince

Primera edición

Año 2021

Prohibida la reproducción parcial o total de este libro, por cualquier medio o método, sin previa autorización del autor.

Gamaliel Prince es Administrador de Negocios Internacionales con una necesidad nata de emprender, ha incursionado en negocios como laboratorio de análisis químico, turismo, importaciones, intraday, entre otros. Además, ha publicado los siguientes libros:

- El éxito te pertenece: Aprende cómo conseguir todo lo que quieres.
- Aprende cómo vencer tus miedos de forma eficaz.
- El éxito te espera: 11 pasos para hacer posible tu superación personal.
- Descubre el lado oculto de tu mente.
- Consigue el éxito con hábitos inteligentes.
- Descubre los secretos de la gente millonaria.
- Piénsalo y es tuyo.

Desde los inicios de su alma emprendedora, ha buscado la manera de entender la forma en la que piensan y actúan las personas exitosas, encontrando en este comportamiento una filosofía de vida.

Índice

Introducción   7

Capítulo 1: El Tiempo   9
    1.1 Definición   9
    1.2 Importancia   12
    1.3 Relación con el éxito o fracaso   13

Capítulo 2: Los hábitos   16
    2.1 ¿Qué son?   16
    2.2 El poder de los hábitos en nuestro tiempo   17
    2.3 ¿Cómo identificar hábitos negativos y positivos?   19
    2.4 ¿Cómo crear hábitos positivos?   21

Capítulo 3: Enemigos del tiempo para la productividad   25
    3.1 La procrastinación y el miedo al fracaso   26
    3.2 Tiempos muertos   34
    3.3 Hábitos negativos   38
    3.5 Mala gestión de actividades   43
    3.6 El agotamiento físico   48
    3.7 El estrés   50
    3.8 No delegar actividades   51
    3.9 No automatizar procesos   52

Capítulo 4: Evaluando tu tiempo   55
    4.1 Identificando tiempos muertos   55
    4.2 Definiendo hábitos que se poseen   60
    4.3 Definiendo actividades que se realizan y tiempo en que se ejecutan   64
    4.4 Detectando actividades innecesarias   66

Capítulo 5: Construyendo al Dios de tu tiempo   70
    5.1 Definir objetivos   70
    5.2 Planificación y programación de actividades   75
    5.3 Mantener la motivación constante   80

5.4 Actuar y no procrastinar 84
5.5 Delegar responsabilidades 86
5.6 Evaluar y aplicar mejora continua 92
5.7 Evaluación de actividades. 95
5.8 Automatizar procesos repetitivos 98

Capítulo 6 Preguntas frecuentes **102**
6.1 ¿Cómo puedo emprender un negocio si tengo un trabajo de tiempo completo? 102
6.2 ¿Qué actividades no debería delegar por completo? 106
6.3 ¿Por qué es importante el estado de ánimo para obtener los objetivos? 109
6.4 ¿Cómo manejar el estrés? 111
6.5 ¿Cuál es el valor de mi tiempo? 117
6.6 ¿Intentar y equivocarse es perder el tiempo? 120

Conclusiones **123**

Introducción

"El éxito no llega por casualidad. Es fruto del trabajo duro, perseverancia, sacrificio y amor por lo que haces". ¿Cuántas veces al día vemos frases de este tipo en las redes sociales? Si lo pensamos a profundidad, es común ver porque muchas personas huyen del éxito.

"Trabajo duro, sacrificio" ... No son palabras muy llamativas.

A diario vemos personas que se esfuerzan el triple, se pasan las noches en vela, trabajan horas extras — y que han llevado este estilo de vida por años — pero no parece que sean muy exitosos.

¿Por qué no ha llegado el éxito para esas personas? Han perseverado, sin duda se han sacrificado y trabajado duro, pero siguen estando atrapados en la *"carrera de la rata"*. Y su estado no parece dar señales de posibles cambios futuros.

Esto hace que me salte a la mente otra pregunta aún más misteriosa: ¿Por qué hay tantas personas allá afuera que parecen llevar una carga de trabajo muy ligera y obtienen mayores beneficios? Tienen un estilo de vida envidiable, pasan tiempo con su familia, se van de vacaciones a Bora Bora y parecen estar siempre al control de sus vidas.

Bien, pues si tú también te has hecho estas preguntas, aquí está la respuesta. Estas personas han encontrado la forma de gestionar su tiempo como si fueran dioses. Han encontrado la fórmula, la han aplicado y sus vidas se han transformado.
Hoy te tengo buenas noticias, así como ellos, tú también puedes convertirte en el Dios de tu tiempo y aprender cómo producir más en la misma cantidad de horas. Está en tus

manos implementar lo que vas a aprender en estas páginas. Te paso la batuta, ¿estás listo/lista?

Imagina como tu vida puede cambiar si en una semana, hicieras el trabajo de dos. Ahora bien, abramos el contexto aún más. Imagina en un año cuánto puedes haber conseguido si pones en práctica la correcta gestión de tu tiempo.

Gestionar el tiempo, en términos sencillos, se trata básicamente de cómo puedes planificar y utilizar adecuadamente tu tiempo cada día, para ser más productivo y alcanzar tus objetivos.

Esto no significa necesariamente que tengas que dedicar todo tu tiempo al trabajo. Además de trabajar duro, también debes tener tiempo para relajarte y tomarte un respiro. Tomarse un respiro es imprescindible, sobre todo si quieres lograr algo bien.

En otras palabras, si te apresuras durante todo el día para tratar de lograr algo, puede significar que tienes pocas habilidades de gestión del tiempo. Cuando te apresuras a realizar un trabajo, es probable que el producto de tus esfuerzos sufra en términos de calidad, ya que, es más probable que te quedes a medias y pierdas la concentración. Pero bueno, todo esto lo veremos a profundidad en los capítulos siguientes.

En conclusión, es muy importante gestionar el tiempo de forma inteligente, sobre todo porque la gestión del tiempo te permitirá cumplir tus objetivos y sacar el máximo partido a tu trabajo y a tus estudios. ¿Y por qué no? ¡También planear unas vacaciones a Bora Bora!

Capítulo 1: El Tiempo

1.1 Definición

Las cosas intangibles que no se pueden ver o tocar, en ocasiones son difíciles de explicar para nuestra mente material.

¿Qué es el tiempo? El tiempo es fugaz, nunca se puede atrapar. Así como la marea, nunca se detiene. Ya conoces el viejo dicho: *"Si se pierde la riqueza no se pierde nada, si se pierde la salud se pierde algo, y si se pierde el tiempo se pierde TODO."*

O *"¡Haz las cosas correctas en el momento correcto!"* No hay duda. ¡Uno no debe hacer las cosas correctas en el momento equivocado o las cosas equivocadas en el momento correcto!

¿Cuántas definiciones se pueden dar sobre el tiempo?

Probablemente cientos o miles. Pero una cosa es completamente cierta, no me lo podrás negar. Tienes 24 horas en un día. Yo también tengo el mismo número de horas. Tu compañero de trabajo también las tiene. Entonces, ¿cómo es que soy una persona mejor organizada que tú? ¿Cómo es que siempre tengo una personalidad libre de estrés y relajada, aunque maneje varias situaciones complejas y tome decisiones importantes?

Eso es porque cuento con un mejor concepto de gestión del tiempo. Realizo mis tareas sistemáticamente. No tengo confusión sobre mis prioridades. Sé qué hacer y cuándo hacerlo. La regla de oro es no dejar para mañana lo que se puede hacer hoy. Me gustaría ir aún más lejos. puede que mañana nunca llegue así que ¡hazlo ahora mismo!

Lo único que tenemos es ahora. Este preciso momento. Trabaja mientras trabajas, y juega mientras juegas. Ese es el camino para ser feliz y exitoso. Si quieres ganar tu camino, no te precipites, haz una cosa a la vez y que se haga bien.

Es curioso, a la mayoría de las personas cuando se les pregunta por las cosas que más les gustaría cambiar de su vida, suelen dar una respuesta relacionada de algún modo con el tiempo.

Muchos quieren viajar al pasado y cambiar algunas decisiones críticas que transformaron el curso de sus vidas, mientras que otros estarían dispuestos a dar cualquier cosa por la oportunidad de revivir esos días con las personas que aprecian y aman.

El tiempo es la joya más preciada con la que cada persona cuenta por naturaleza. Si lo tratas bien, puede llevarte muy lejos, pero si lo ignoras, te enterrará en un abrir y cerrar de ojos.

Lamentablemente, el tiempo no es un factor que podamos controlar, ni podemos cambiarlo según nuestros deseos. El tiempo, sin que nadie se dé cuenta, sigue pasando, y sólo las personas que le siguen la corriente y lo aprovechan al máximo mientras pueden, obtienen lo mejor de él.

Seguramente todos nosotros durante nuestros años de infancia, hemos visto una o dos películas en las que los protagonistas son capaces de viajar en el tiempo, tanto hacia el pasado como el futuro. Sin embargo, esto sigue siendo una fantasía y hasta la fecha casi toda la humanidad está esclavizada al tiempo — y el pequeño porcentaje que no lo está es el que gobierna el mundo.

Existen muchos métodos y técnicas para vencer las limitaciones que impone el tiempo en la vida cotidiana, y sea cual sea el que decidas adoptar, una cosa aprenderás de seguro: el reconocimiento de este precioso componente en nuestra existencia.

Casi todo el mundo en este planeta, ya sea consciente o inconscientemente, está en la búsqueda de formas y medios para maximizar el tiempo. Sin embargo, ninguna de estas herramientas garantiza que la persona tenga el 100% del control de su tiempo.

Lo que sí es seguro, es que, si se practican de forma regular y correcta, estas formas de gestión y planificación del tiempo pueden llevarnos muy por delante de los demás en los niveles de productividad. Sin embargo, independientemente de la estrategia que se adopte, a menos que se esté inmensamente comprometido y dedicado a hacerla funcionar, nunca se podrá saborear el éxito. Así es, la implementación es clave para que esto funcione.

Las formas de gestión y planificación del tiempo están ahí para ayudarnos y facilitarnos toda la tarea. Pero, depende enteramente de nosotros cómo los aprovechemos al máximo para salir ganando.

Y en el caso de que encuentres algún problema para comprometerte en ello, ten siempre presente que el tiempo es sin duda tu posesión más preciada. No es como el dinero que puedes obtener en cualquier momento que desees. El tiempo es algo que, una vez perdido nunca podrás recuperar, así que, asegúrate de aprovecharlo al máximo.

1.2 Importancia

Hay una gran diferencia entre la vida de una persona que valora su tiempo y la vida de alguien que no lo hace. Cuando no practicas una gestión del tiempo adecuada, en algún momento tendrás la sensación de que los días simplemente pasan y tú sigues en el mismo lugar. Las personas a tu alrededor avanzan, dejándote atrás. Así es, los días pasan y tú sigues sin lograr las cosas que habías planificado o que querías.

¿Has tenido sensación de estancamiento? Es uno de los sentimientos de mayor impotencia que se puede tener. Sinceramente no se lo deseo a nadie. Por las noches en tu cama, cada vez que un día termina, darte cuenta de lo poco que has logrado. En otras palabras, de lo poco productivo que has sido.

Si esto te parece familiar sabrás reconocer la importancia del tiempo y el hecho de que es hora de que hagas un cambio positivo en tu vida, que implique una gestión adecuada, para que seas capaz de lograr más — y dejar atrás ese sentimiento de frustración y fracaso.

Con una gestión adecuada del tiempo, pronto podrás lograr más cosas en tu vida. Si se trata de tus obligaciones en el trabajo, tu superior pronto se dará cuenta de que estás mejorando constantemente en el cumplimiento de los plazos, y al planificar adecuadamente tu tiempo, incluso podrás impresionarlo presentando tus informes antes.

Esto podría llevar a un ascenso más adelante, ya que, las personas con buenas habilidades de gestión del tiempo, también son conocidas por tener mejor autodisciplina que las que no las tienen.

Además, tu jefe te verá como un buen modelo de conducta al que otros empleados pueden admirar. Si diriges tu propio negocio, también podrás gestionarlo de forma más eficiente y eficaz. Serás más productivo y, por lo tanto, podrás esperar más beneficios de tu empresa.

La gestión del tiempo te ayudará a mejorar y cambiar tu vida. También es una parte esencial del desarrollo personal. Empieza a practicarla hoy mismo, para que puedas sentir más satisfacción por ser capaz de cumplir tus objetivos cada día.

1.3 Relación con el éxito o fracaso

¿Cómo haces uso de tu tiempo? ¿Has sentido que te falta algo al final del día, pensando que puedes hacer más con tu tiempo y sin embargo no tienes la oportunidad de hacerlo? Como ya establecimos antes, esta es probablemente una escena típica para la mayoría de las personas. Pero, para poder tener éxito, hay que darse cuenta de que la gestión del tiempo es un ingrediente esencial.

Gestionar el tiempo de forma efectiva es quizás el objetivo número 1 de la mayoría de los empresarios en su búsqueda del éxito. Sin una gestión eficaz del tiempo, sus negocios se verán afectados inevitablemente.

Un empresario capaz de lograr más con su tiempo, tiene más compradores satisfechos y goza de un negocio bien establecido. No te voy a mentir, esto requiere una determinada gama de habilidades, estrategias y herramientas que le ayudan a completar tareas, proyectos y objetivos concretos.

Seas empresario o no, sin una utilización estratégica del tiempo, básicamente estarás perdiéndolo y no podrás completar los objetivos empresariales, laborales o personales.

Algunas de las muchas razones por las que el éxito está ligado con una correcta administración del tiempo son las siguientes.

- **Completar los proyectos de manera oportuna.**
  Una persona capaz de finalizar proyectos, puede asumir más trabajo, contratar más empleados y cumplir mejor con sus cargas de clientes mediante el cumplimiento eficiente de los plazos.

- **Mayor capacidad para crear un trabajo de calidad en tiempo y forma.**
  El trabajo de calidad es mayor cuando se dedica más tiempo y atención a los detalles.
  Como empresario, cumplir los plazos de los clientes es como una garantía para ganar más negocios. En la actualidad, prácticamente todos somos sensibles al tiempo, así que cuando eres capaz de cumplir los plazos, demuestras que eres responsable y estás comprometido con la tarea que tienes entre manos.

- **R.O.I.**
  Con la atención a los detalles hay un retorno sustancial sobre la inversión una vez que puedes manejar eficazmente el tiempo, es más fácil identificar, crear y documentar procesos. Por lo que se pueden hacer más cosas en un lapso de tiempo más corto, lo cual se traduce en más dinero en efectivo.

- **Gratificación**
  Hay un sentimiento general de gratificación y logro al completar una tarea. Esa sensación actúa como motivador y proporciona la chispa creativa que se necesita para hacer más negocios.

Estos factores suelen motivar a las personas para manejar bien su tiempo, y descubrir formas originales y más eficientes de trabajar. Son normalmente los pequeños detalles de la gestión del tiempo los que ayudan al empresario a hacer planteamientos empresariales que conllevan al éxito.

Capítulo 2: Los hábitos

2.1 ¿Qué son?

¿Has escuchado sobre los conceptos de la mente subconsciente? Se trata de esa parte de cada persona que se encarga de las cosas que conscientemente damos por sentadas, desde los latidos del corazón, la regulación de la composición de la sangre, la regulación de la temperatura del cuerpo o esos procesos que antes eran conscientes y luego se vuelven inconscientes a medida que uno los desarrolla por completo, por ejemplo, conducir, caminar, ser capaz de leer cómodamente las palabras de este libro, etc. Estas actividades las realizamos en modo automático, mejor conocidas como hábitos.

Piensa por un momento con qué frecuencia empiezas el día en automático: te levantas, te estiras, te preparas el desayuno, te cepillas los dientes o, si eres entusiasta, vas directamente a correr o a hacer alguna otra forma de ejercicio.

Todas esas cosas son normales y están bien, pero si examinas este comportamiento es un hábito que has formado. Si sucede en automático y no piensas ni decides lo que haces, lo más probable es que esté arraigado como un hábito y tu mente inconsciente simplemente esté ejecutando un patrón de comportamiento.

No tiene nada de malo actuar de esta manera. Es una condición humana totalmente normal. Sin embargo, a medida en que puedas tomar el control y permitir que la mente inconsciente te consiga lo que quieres dominando tus hábitos, mayor será la productividad con la que realices y completes las tareas.

2.2 El poder de los hábitos en nuestro tiempo

La gente que vive hoy en día es muy afortunada. Hace 50 años ni siquiera existía Internet, y la televisión por cable era algo que se leía en las revistas de ciencia ficción. Ahora, gracias a Internet, puedes encontrar información sobre prácticamente cualquier cosa que quieras, al instante. Algo que sólo era un sueño hace apenas 15 años.

Sin embargo, con toda esta información disponible, la gente sigue sin conseguir el éxito en la vida. ¿A qué se debe esto? Después de todo, hay tanta información de autoayuda disponible que nos dice cómo tener éxito, pero la mayoría de la gente sigue sin conseguirlo. ¿Y por qué la gente sigue sufriendo depresión, cuando hay tantos libros que les dicen cómo vivir una gran vida? ¿Y porque sigue existiendo tanta pobreza, si existen cientos de talleres en línea diciéndote como ganar dinero por internet mientras duermes?

El hecho es que la información no es el problema. Y no importa cuánto avance la tecnología, la gente siempre tendrá los mismos problemas.

¿Cuáles son las razones por las que la gente no logra el éxito? Si le preguntas a alguien por qué nunca tuvo éxito en lo que intentaba hacer, lo más probable es que te diga que fue culpa de otra persona, o que sucedió algo que estaba fuera de su control.

Sin embargo, si comparamos la vida de esa persona con la de otra, probablemente encontremos muchos ejemplos de personas que han sufrido en condiciones mucho peores y que, sin embargo, han alcanzado el éxito.

Esto nos muestra que la verdadera razón por la que la gente fracasa no es por algo externo a ellos, sino que la razón está en su interior. Cuando se sigue haciendo la misma acción una y otra vez, se le conoce como hábito. Probablemente estés familiarizado con los malos hábitos, como fumar, pero ¿estás familiarizado con los hábitos del fracaso o los hábitos del éxito?

Vivimos en una sociedad donde muchos somos víctimas de los hábitos del fracaso. No nos gusta trabajar,

- *¿Porque esforzarme si podemos pasar toda la tarde viendo televisión? Además, acaban de subir la nueva temporada de "La casa de papel" en Netflix.*
- *Mañana comienzo con los pendientes, ahora estoy muy entretenido/entretenida viendo Tik Toks en mi celular.*
- *Hoy no podré hacer ejercicio, mis amigas me invitaron a cenar con ellas en el nuevo restaurante de la ciudad.*
- *Upss... Otra vez me quedé dormida y no me dio tiempo de hacer la planificación de mi semana.*
- *El lunes empiezo la dieta...*

¿Por qué es tan difícil ser productivo? Como ya hemos dicho, ser productivo no es fácil, y la mayoría de la gente se rinde fácilmente, o simplemente ese "lunes" nunca llega.

Ser productivo requiere una buena dosis de disciplina constante, y si tienes hábitos arraigados como estos de postergar o de rendirte, será muy difícil que consigas lo quieres. Está muy bien ser productivo durante toda una mañana, o incluso durante todo un día. Pero, ¿qué pasa al día siguiente? ¿y al siguiente?

Si quieres ser realmente productivo, tendrás que seguir siéndolo día tras día. Tendrás que crear hábitos de gestión del tiempo como disciplina y perseverancia. Esto significa aprovechar al máximo cada día de trabajo y priorizar las tareas para que las más importantes se hagan a tiempo.

2.3 ¿Cómo identificar hábitos negativos y positivos?

A veces hay un hábito negativo en nuestra vida que ha sido tan perjudicial, tan molesto o, francamente, tan desagradable que simplemente tenemos que eliminarlo de nuestras vidas. Como el moho en el queso. Otras veces no estamos preparados, o no somos capaces de cortarlo por completo. O peor aún, lleva tanto tiempo con nosotros que es difícil imaginar la vida sin él.

De forma contraria, hay ciertos hábitos que son útiles y positivos para situaciones particulares, y necesitamos tenerlos disponibles para nuestro crecimiento. En un momento entenderás lo que quiero decir, y puede que seas capaz de identificar algunos de tus propios hábitos y clasificarlos en estas categorías: negativos y positivos.

El propósito de identificar estos hábitos, es para hacer un switch en nuestro modo de operar y enfocar nuestros esfuerzos en los hábitos positivos y exponenciarlos.

Un error muy común al comenzar a cambiar nuestros hábitos es el de querer ser perfeccionistas. Difícilmente una persona podrá eliminar de tajo TODOS sus hábitos negativos. Así que, no te preocupes, con un paso a la vez es suficiente por ahora.

Recuerda que:
- No tienes que convertirte en el mejor vendedor de la empresa el mes que viene. Puedes trabajar para aumentar tus metas de venta mensuales, digamos en un 5-10% el próximo mes, y un 1% el siguiente. Y así sucesivamente.
- No tienes que encontrar al amor de tu vida y casarte el próximo año. Puedes empezar a salir y ser más sociable, encontrar personas con intereses similares y ver a dónde te lleva eso.

- No tienes que eliminar todo el azúcar (a menos que un médico lo indique), puedes dejar los postres de momento. Lo mismo para las grasas, la cafeína, etc.

Incluso la más mínima mejora puede aumentar nuestra confianza y darnos impulso para empezar a cambiar nuestros hábitos.

Poner freno a ciertos hábitos negativos sin eliminarlos por completo puede aportar satisfacción y mejorar nuestra salud. Puede resultar más fácil abandonar un hábito si simplemente no nos decimos a nosotros mismos ¡Nunca más podrás tener/hacer/ser esto! Ciertamente, disminuir el número de veces que se participa en un hábito negativo, por día o por semana, es mejor que no disminuirlo en absoluto.

Escribe tus respuestas para obtener mejores resultados.
- ¿Qué hábitos tuyos te gustaría eliminar?
- ¿Y cuáles de ellos serían más cómodos de eliminar poco a poco y cuáles de un solo golpe?
- ¿Qué hábitos te gustaría crear o restablecer en tu vida?
- ¿Cuáles de ellos deberían introducirse en tu rutina poco a poco?
- ¿Y cuáles se imponen con frecuencia?

Para algunas personas, crear o iniciar un hábito gradualmente funciona mejor, mientras que un hábito perjudicial es mejor eliminarlo de un solo corte. Para otros, el proceso varía.

A título personal, eliminé las harinas en un día porque necesitaba cortar esa sensación de ansia por ese sabor en particular. Pero volver a introducir el ejercicio en mi vida fue un día a la vez y todavía está en curso. Comprueba cómo funciona mejor para ti.

Pero tanto si rompes de tajo como si frenas tu hábito, debes saber que cada cambio útil y positivo que haces en tu vida crea un flujo de más cambios útiles y positivos. Disfruta del proceso y de las recompensas.

2.4 ¿Cómo crear hábitos positivos?

Para algunos de nosotros es difícil cambiar — ¡me declaro culpable! Sin embargo, si tomas los pasos necesarios, se reflejarán resultados muy positivos.

Muchas personas son educadas para mentirse a sí mismas y a los demás. Esto sucede porque estamos rodeados de un mundo lleno de opiniones, filosofía, teorías, sospechas, conjeturas y conclusiones. Tienes que aprender a encontrar tu propia verdad para poder mejorar tu vida.

¿Cuáles son algunas de las cosas que puedo hacer para cambiar mis malos hábitos por los buenos? Esto va a depender completamente de ti. Nosotros sólo podemos ofrecerte consejos útiles, pero es necesario que pruebes nuevas tácticas que te ayuden a crecer.

Nadie puede cambiarte, sino tú. Cuando estés listo para hacerlo, podrás hacerlo sin ayuda de nadie. Puedes aprender a construir los dones internos que tienes dentro de ti. Las cualidades que tienes incluyen la autoestima, confianza, autoconciencia, auto-motivación, etc. Cada cualidad se puede construir para mejorar tu vida personal. Tienes que averiguar qué es lo que funciona para ti.

Por un lado, tienes que identificar qué es lo que te lleva a ejecutar lo que haces, y en caso sea una actitud o hábito negativo, encontrar la manera de hacer lo correcto. Así que si es la gente con la que pasas el rato, tal vez debas encontrar a otras personas con las que compartir tu tiempo.

Sin embargo, lo primero que tienes que hacer es dejar de mentirte a ti mismo sobre lo que sea y hacer las cosas bien contigo. Tienes que aprender a tomar buenas decisiones evaluando las consecuencias.

Para desarrollar nuevas habilidades que te guíen a crear hábitos positivos, intenta utilizar tu mente consciente. Cuando observas, escuchas y oyes las cosas que te rodean, aprendes más que si leyeras un libro.

La observación es la clave del éxito. La observación incluye la autoconciencia. Apártate y mírate con atención. No te persigas ni te juzgues a ti mismo, más bien, busca formas de mejorar tu vida.

Es importante conocer cómo puedes utilizar los hábitos para crear más de lo que quieres, tomando el control de los procesos inconscientes, enseñando a tu mente quién manda y logrando mayores y mejores resultados, paso a paso.

Haz una prueba durante una semana. Cualquiera que pueda hacer algo durante 7 días puede hacerlo durante 21 días, y los expertos dicen que sólo se necesitan 21 días para aprender un nuevo hábito. Hazlo durante seis meses y lo más probable es que puedas mantenerlo durante toda la vida, ya que, habrá quedado fuertemente arraigado en tu mente subconsciente.

Si quieres triplicar tu productividad creando hábitos positivos en una semana pon en práctica este sencillo procedimiento, sólo necesitarás un bolígrafo y un papel, además de un poco de voluntad para tomar el control y hacer algunas cosas que has estado posponiendo.

1. **Paso 1:** Escribe una lista de unas 20 cosas al día que sepas que tienes que hacer, esto puede incluir incluso las cosas más básicas como levantarse de la cama, hacer la cama, cepillarse los dientes, apagar las luces, lavar el tazón del desayuno, dar un beso de buenos días a tu pareja, etc. Ya te haces una idea, pero asegúrate de tener una lista de 20 cosas diferentes que sean realmente fáciles de conseguir.

2. **Paso 2:** Decide hacer la primera cosa de la lista y hazla. Márcala con el bolígrafo y dile conscientemente a tu mente que lo conseguiste y celebra tu éxito. Tu mente se alegrará de ti y te apoyará porque has decidido hacer algo y luego has seguido adelante y has hecho esa cosa que es un bucle exitoso que muestra a tu mente que tienes el control, no importa lo grande o pequeña que sea la tarea.

3. **Paso 3:** A medida que te encuentres haciendo esta lista sin esfuerzo, y recompensándote a lo largo del camino tachando tu lista de cosas por hacer, te encontrarás sintiéndote muy bien contigo mismo. Traerás al primer plano de tu mente las cosas que has estado temiendo y posponiendo, y realmente crearás el deseo ardiente de hacerlas también. Y la mejor parte es que tu autoestima se disparará.

4. **Paso 4:** Puedes ponerte a prueba aumentando ligeramente la dificultad de las tareas, quizás añadiendo algo que aún no sabes hacer, por ejemplo, ganar un par de cientos más en una semana. Aumentando tu productividad de esta manera y entrenando a tu mente inconsciente para que se ponga en marcha y te apoye para hacerlo, puede que descubras que logras mucho más de lo que esperabas

durante la siguiente semana de hacer esto.

Esto es una realidad. Tienes la capacidad de triplicar tu productividad en sólo 7 días haciendo uso de hábitos positivos. Así que adelante, comienza hoy mismo y pon en práctica estas instrucciones.

Capítulo 3: Enemigos del tiempo para la productividad

Algo para recordar: No es por presionarte, pero tanto si eres productivo como si no, el reloj sigue corriendo. Te sorprenderá saber cuánto tiempo pasas cada día sin realizar las tareas que tienes por delante.

Quizá una de las principales razones por las que muchas personas tienen dificultades para ser productivas, es que están rodeadas de distracciones. Reconozcámoslo. La vida cotidiana está llena de distracciones —ya sea en internet o fuera de él— y eliminarlas (o al menos reducirlas) es absolutamente fundamental para seguir siendo productivo.

Las distracciones pueden ser especialmente problemáticas en el mundo digital en el que ahora vivimos. Creo que todos hemos estado en la situación en la que estas distracciones empiezan a estar fuera de control... Ves un vídeo de YouTube que parece interesante y decides verlo antes de ponerte a trabajar. Al final del vídeo te llama la atención otro y decides verlo también.

Dentro de ese vídeo hay algo que capta tu imaginación y decides hacer una rápida búsqueda en Google para saber más. "Vaya, no sabía que era posible hacer eso", te dices, antes de encontrar todo un recurso sobre el tema. Mientras navegas, aparece una ventana de notificación de correo electrónico que te dice que has recibido un mensaje de una persona con la que llevas tiempo intentando contactar. Escribes una respuesta y, mientras estás en tu bandeja de entrada, te das cuenta de que hay un correo electrónico muy interesante de tu tienda departamental favorita...

¿Te das cuenta de lo que está pasando aquí? Antes de que te

des cuenta, han pasado 3 horas y ni siquiera has empezado la tarea original que te habías propuesto. Esto es una locura, y, sin embargo, es un ciclo en el que es fácil entrar y con el que millones de personas se encuentran luchando cada día.

Pueden ser la televisión, la radio e incluso tus propios amigos y familiares. Cada vez que tus hijos entran en tu oficina y te piden algo, probablemente estás perdiendo MUCHO tiempo en términos de productividad.

Claro, puede que sólo entren y te hagan una pregunta rápida antes de irse de nuevo, pero el problema es que te distraen de tus pensamientos. Para cuando vuelvas a centrarte y a retomar el camino, habrás perdido mucho más tiempo del que probablemente crees.

En este libro te ayudaremos a superar algunos de estos "enemigos del tiempo para la productividad", y, con suerte, te pondremos en una posición en la que serás más productivo que nunca. ¿Te entusiasma la idea de ser más productivo? Si no es así, deberías entusiasmarte. Si quieres hacer más cosas cada día, tienes que querer ser productivo. Esto no va a suceder sin que hagas cambios en tu forma de operar, ¿de acuerdo?

3.1 La procrastinación y el miedo al fracaso

"Tú puedes retrasarte, pero el tiempo no lo hará".

En este punto ya nos tiene que haber quedado muy claro que el tiempo no regresa. Cada vez que la manecilla del reloj hace tik-tok, no hay vuelta atrás. Sin embargo, eso no es lo único, además los enemigos de la productividad más comunes pueden quitarnos del camino de nuestros sueños.

¿Cómo se define la procrastinación? Para muchas personas la procrastinación es algo que asocian y se identifican con demasiada facilidad. El problema es que una vez que te identificas con un comportamiento (positivo o negativo), éste se convierte en parte de tu identidad, y tus experiencias con las acciones se filtran a través de ella.

Podemos definir la procrastinación como "aversión a la tarea", que es el retraso irracional de un curso de acción previsto. Traducido del significado original en latín, procrastinación significa literalmente "a favor del mañana".

Tener éxito en la vida es el objetivo de todos, pero sin duda te gustaría alcanzarlo hoy, no mañana. Sin embargo, la mayoría de nosotros no aprovechamos las oportunidades de oro que nos brinda la vida. La razón principal es que somos víctimas de la procrastinación.

Entonces, tendemos a hacer el trabajo en los últimos momentos, la mayoría de la gente no sabe mantener la paciencia y se pone tensa hasta el punto de empeorar la situación, o hacer las cosas de manera incorrecta e ineficaz.

Los bloqueos mentales básicos que alimentan la procrastinación, pueden incluir el miedo al éxito, el miedo al fracaso y tener la creencia de que debes esperar hasta que te sientas con ganas de trabajar en la tarea.

Al ser consciente de las diferentes formas de pensamientos destructivos, puedes empezar a combatir el efecto que empleas en tu gestión del tiempo. Una vez que pienses continuamente en las cosas que quieres lograr, probablemente aumentarás las posibilidades de alcanzar tus objetivos.

Cuando procrastinas, en algún nivel de tu pensamiento

inconsciente, crees que realizar la acción te dejará en peor situación que realizarla realmente.

Para cambiar esta tendencia negativa, hay que hacer dos cosas. En primer lugar, debes eliminar la asociación y los apegos que puedas tener con la procrastinación. Date cuenta de que NO eres un procrastinador. Aunque a veces procrastines, no puedes permitirse el lujo de limitarte a ti mismo definiéndote por tu comportamiento.

En segundo lugar, debes redefinir la procrastinación, de tal manera que te motive y te dé poder en lugar de limitarte.

La forma en que definimos las cosas para nosotros mismos determinará la forma en que interactuamos con ellas. Si ves la procrastinación como un problema crónico con el que has nacido, entonces es probable que luches con ella toda tu vida.

Si defines la procrastinación como un mal hábito con el que tienes que lidiar en algún momento en el futuro, entonces te controlará. Si ves la procrastinación como algo que no puedes superar, entonces probablemente tendrás razón.

Si defines la procrastinación como una tendencia negativa que decides dejar de lado, entonces te sentirás capacitado para pasar a la acción a pesar de procrastinar. El hecho de que puedas hacer algo rara vez es el resultado de tu capacidad. Casi siempre es un caso de motivación. La motivación no es otra cosa que un impulso interior que te obliga a actuar, y ganar fuerza sobre ti mismo.

Hay una definición de procrastinación que puede hacer precisamente eso. Yo elijo definir la procrastinación como el ladrón del tiempo. Cuando pienses en ello te darás cuenta de lo cierto que es, porque la procrastinación es lo que te mantiene inmovilizado y atascado en la inacción.

No permitas que la procrastinación te robe tu bien más preciado. En su lugar, considera la procrastinación como una llamada a la acción. Es muy probable que lo que estás postergando sea algo que debes hacer. Lo que no hacemos y a lo que no nos enfrentamos nos controla. Pero cuando lo afrontas y lo haces, te liberas y ya no tiene ningún control sobre ti.

Si tienes este sentido de urgencia y conciencia de que tu tiempo es valioso, entonces no permitirás que el ladrón del tiempo te retenga. Lo que consigues de ti mismo no depende de tu capacidad. Depende de la cantidad de recursos a los que puedas acceder y esto es casi exclusivamente un ejercicio psicológico. Si cambias la definición de la procrastinación para ti mismo, puedes empezar a cambiar esta conversación interna y capacitarte para pasar a la acción y hacer que las cosas sucedan.

1. En primer lugar, si sientes que eres víctima de la procrastinación, debes organizarte. Organízate desde hoy mismo. La mejor manera de empezar es con tu habitación. Organiza tu habitación, tu tiempo, tu vida y tus cosas. El sentido de la organización traerá estabilidad en ti y tenderás a mantenerte organizado, así cada vez que veas algo fuera de orden, lo colocarás en un lugar apropiado. Poco a poco, con el paso del tiempo, te impregnarás de un orden que te ayudará a superar tu procrastinación.

2. Lo siguiente es crear una rutina. Lleva contigo una agenda mensual y escribe tus objetivos a corto y largo plazo, así como las formas de llevar a cabo estas tareas. Acostúmbrate a hacer las cosas que se mencionan en tu

rutina y asegúrate de mencionar incluso cosas menores como el planchado de la ropa en tu rutina.

Aunque al principio te resultará difícil seguir la rutina, una vez que empieces a cumplirla, adquirirás el hábito de hacer las cosas en el periodo de tiempo especificado. Esto te ayudará a cumplir tus objetivos a tiempo, y así te desharás del hábito.

Dibujar tus planes futuros también tiene otra ventaja. Antes no tenías trabajo que hacer y podías quedarte sin hacer nada durante horas, pero si sabes lo que tienes que hacer de antemano, siempre tendrás la presión de hacer las cosas a tiempo.

Junto con la planificación, la gestión del tiempo de forma productiva siempre ayuda a deshacerse de la procrastinación. Tienes que terminar las tareas en el período de tiempo asignado y esto organiza tu estilo de vida. Además, si empiezas a gestionar bien tu tiempo, siempre te quedará mucho espacio al final del día, lo que te permitirá realizar otras actividades que antes no eran factibles debido a tu procrastinación.

El aspecto más importante para deshacerse de la procrastinación, es crear una actitud de "hazlo". Piensa siempre que es ahora o nunca cuando sientas que te saltas el trabajo o la tarea que hay que realizar, y siempre te librarás de la procrastinación.

Muchos procrastinadores se dicen a sí mismos cosas como "Soy flojo. No tengo disciplina. Soy un fracaso. No tengo remedio. No tengo autocontrol. Nunca ganaré en nada".

Otros procrastinadores llevan una doble vida, actuando como si fueran felices y productivos mientras se sienten realmente acorralados. Sus alardes sobre su gran carga de trabajo, su capacidad para trabajar bajo presión y su constante necesidad de trabajar toda la noche, son a menudo una tapadera de la desesperación; y con frecuencia, cuando las cosas se ponen realmente difíciles y están a punto de incumplir un plazo importante, mostrando así su verdadera naturaleza "ineficiente", cortan y huyen, abandonando un proyecto, una clase, un trabajo, una relación u otro compromiso".

No importa qué tipo de procrastinador seas, déjame felicitarte porque estás aquí. Eso quiere decir que tienes un sueño que quieres dejar de postergar. Aferrarse a un sueño desafiante a pesar de los propios miedos, y también — con frecuencia, a pesar del desánimo y la desaprobación de quienes nos rodean y de la propia sociedad, requiere visión, dedicación y valentía.

Así que, en lugar de ver tu problema de procrastinación como un defecto vergonzoso, intenta verlo en cambio como un símbolo de algo encendido dentro de ti. Sí, tienes que trabajar un poco para reconocer todo tu potencial. Pero al menos sigues intentando y luchando en la gran batalla.

La vida de por sí es bastante compleja, pero además de las complejidades de la vida, muchos soñadores ambiciosos pueden enfrentarse a un riesgo financiero, a una probable crisis, a un riesgo emocional y al rechazo, a la falta de apoyo de los seres queridos y/o de la sociedad, o a unas condiciones de trabajo angustiosas.

Y eso sin contar las dificultades subyacentes a la propia meta, es decir, la necesidad de la persona de perfeccionar su oficio y vender su trabajo, o de terminar un producto. Muchos individuos huyen de este tipo de tensiones, y yo, por mi parte, no puedo culparlos. El problema, sin embargo, es que al hacerlo también huyen de sus aspiraciones.

Cada vez que te sientas mal por haber postergado nuevamente tus actividades, recuerda los muchos individuos que han renunciado a sus sueños. Todos compartimos un minuto de silencio por esas personas, y luego felicítate por perseverar en tus propias aspiraciones a pesar de todas las dificultades y barreras.

Mira, eres una persona inteligente. Una persona creativa. Una persona dedicada. Estoy bastante seguro de eso, o no estarías leyendo este libro. Entonces, ¿cómo es que no puedes resolver un pequeño problema de procrastinación?

Es probable que creas que la raíz de tu procrastinación es la pereza, la falta de disciplina, la falta de autocontrol, la inmadurez, la falta de compromiso, de motivación o algún defecto de carácter similar. Pero, ¿adivina qué? Probablemente no sea nada de eso.

En primer lugar, la mayoría de los procrastinadores no son, repito, perezosos, indisciplinados, etc. De hecho, la mayoría tienden a ser dinámicos en otras áreas distintas a la que procrastinan.

En segundo lugar, aplicarse a uno mismo etiquetas perjudiciales como "perezoso" o "indisciplinado" es, desde el punto de vista de la resolución de problemas, peor que inútil. Esas etiquetas no sólo identifican mal el problema, sino que realmente empeoran la situación al sabotear tu seguridad en ti mismo y predisponerte al fracaso.

Además, la gente suele vivir a la altura de las etiquetas, de modo que, si alguien te llama repetidamente, o tú te llamas repetidamente vago o poco comprometido, es probable que vivas "a la altura" de esa etiqueta.

La mayoría de las veces, resolver o solucionar un problema es un ejercicio bastante trivial cuando entendemos cuál es el problema. Tratar la procrastinación como un síntoma de pereza o de falta de disciplina no funciona, ya que, esas no son las causas de la procrastinación.

Por el contrario, son síntomas, al igual que la procrastinación es un síntoma, de un problema más profundo. Ese problema suele ser cualquiera de los siguientes:

- Nunca te enseñaron los hábitos del trabajo productivo. Esto significa que has aprendido los hábitos de baja productividad o no productividad. Esto da lugar a lo que yo llamo "Procrastinación basada en el comportamiento".

- O, Miedo: al cambio, al éxito, al fracaso, etc. Esto da lugar a lo que yo llamo "Procrastinación Basada en el Miedo". Con frecuencia, los individuos sufren de ambos.

La procrastinación basada en el comportamiento es un problema comparativamente fácil de definir y resolver. La procrastinación basada en el miedo es más compleja. A diferencia de la procrastinación basada en el comportamiento, que suele estar causada por la falta de datos o de formación, la procrastinación basada en el miedo está causada, como su nombre indica, por la preocupación.

Por desgracia, el miedo es una fuerza importante en la vida de muchas personas: suele ser una reacción racional, aunque no óptima a los problemas, el estrés de la vida y a un camino ambicioso.

Puede ser difícil empezar a trabajar. Sin embargo, la mayoría de las veces, no empezar parece estar relacionado con el miedo a los malos resultados, o a las críticas negativas más que con la dificultad real del trabajo. Intenta subdividir las tareas en pequeños pasos y convéncete que para empezar sólo necesitas 10 minutos completos de trabajo en una tarea. A menudo, los 10 minutos pasarán y te encontrarás con el ritmo de trabajo, preparado para continuar de forma productiva.

3.2 Tiempos muertos

¿Te ha pasado esto? A la hora de acostarte, haces una retrospectiva del día y no puedes entender en qué se te ha ido el tiempo. Recuerdas haber leído las noticias, tomado una taza de café con tus compañeros de oficina, visto algo de televisión y revisado tus redes sociales, pero esas actividades aleatorias no podrían haber llenado todo el día, ¿o sí? Puede ser que no estés preparado o preparada para escuchar la respuesta.

¿Sabías que el 80% de tus resultados se obtiene con sólo el 20% de tu tiempo y esfuerzo y que, en consecuencia, el 80% de tu tiempo se pierde prácticamente en actividades no productivas o en tiempos muertos? Una vez que te das cuenta de esto, es fácil sacar provecho y reducir las horas que trabajas o mejorar significativamente tu productividad.

La regla del 80-20 fue descubierta por el economista italiano Pareto hace cien años. Utilizar este conocimiento es increíblemente poderoso para combatir la mentalidad de "no hay suficientes horas en el día" de la sociedad actual.

La regla del 80-20 significa que, en cualquier área de nuestra vida, literalmente el 80% de nuestros frutos se derivan de sólo el 20% de hacer "lo que importa". En otras palabras, sólo hay una parte muy pequeña de todo lo que hacemos cada día, independientemente de la situación, que nos aporta el "mayor rendimiento".

Imagina lo productivo que serías si los tiempos muertos desaparecieran y dedicaras el 80% de tu tiempo a actividades productivas.

Vivimos en un mundo acelerado, es posible que te hayas preguntado por qué las 24 horas nunca son suficientes para completar las tareas del día. Sobre todo, si estás intentando cumplir con una fecha límite para la presentación del último proyecto en el que estás trabajando, o si eres un estudiante que va a hacer sus exámenes finales muy pronto.

Hay varias razones por las que la gente tiene dificultades para gestionar su tiempo. Una de las razones más comunes — como vimos en el punto anterior — es que procrastinan. Incluso cuando saben que deben hacer algo con respecto a una tarea, simplemente la dejan de lado porque no es un asunto urgente en ese momento.

Otra de las razones más comunes especialmente en esta nueva era, es perder el tiempo en trivialidades y tiempos muertos. Por ello, cuando se acercan las fechas límite, a menudo se encuentran con el pánico de no tener suficiente tiempo.

El tiempo muerto es el que pasas haciendo fila en el supermercado, desplazándote en tu automóvil hacia tu lugar de trabajo, esperando que la comida esté lista, una cita, el bus, un vuelo, etc. Es un tiempo que normalmente no tienes más remedio que invertir con un objetivo concreto, pero el tiempo que dedicas a alcanzar ese objetivo no suele ser productivo de ninguna otra manera.

Aprovechar los tiempos muertos es una forma muy inteligente de realizar más en menos tiempo. Cuanto más disciplinado seas con tu tiempo, más sensible serás con lo que estás haciendo exactamente en cada momento.

Por supuesto, todos tenemos momentos en los que sucumbimos a las distracciones, pero si tienes un horario y un marco en el que trabajas cada día, es mucho menos probable que caigas en hábitos en los que pasas grandes periodos de tiempo sin hacer nada, o en actividades de poco valor como navegar por redes sociales.

Utilizar los tiempos muertos consiste en tener un plan de actividades cuando surge la oportunidad, por ejemplo, escuchar un podcast informativo en tu auto camino al trabajo.

Ponte creativo y encuentra formas de aprovechar tus tiempos muertos, si estás en una fila esperando por tu Moca Latte, no sería posible hacer algo como escribir un informe, pero podrías hacer algunas llamadas para recordarles a tus clientes morosos sus cuentas por pagar.

Es como hacer que el tiempo muerto vuelva a la vida. Si tienes un vuelo programado, puedes usar ese tiempo de espera para leer algunos capítulos de ese libro que ya tiene meses empolvado en tu librero. Si en la oficina se cancela repentinamente un evento programado o el sistema informático se cae, puedes organizar tus documentos o tu bandeja de correo electrónico.

Sea cual sea la causa, puedes prepararte para los tiempos muertos, tanto los esperados como los inesperados, y al hacerlo, podrás aprovechar de repente ese tiempo "extra" de tu día que puedes utilizar para hacer más cosas.

La forma de planificar este tiempo y lo que se hace con él, puede suponer una gran diferencia en tu vida. Te sorprendería la cantidad de tiempos muertos que las personas tienen cada semana. De hecho, creo que ellas mismas se sorprenderían si tan solo se atrevieran a reconocerlos.

Por ejemplo, supongamos que el trayecto de tu casa a la oficina te toma 1 hora, lo que supone unas treinta horas al mes. ¡Esto equivale a 365 horas al año! Y toma en cuenta que no estamos considerando el regreso. Si lo hacemos, esto supondría 4 semanas de tiempo o en otras palabras un mes de tu año, malgastado en tiempos muertos.

¿Te das cuenta del gran potencial que estás desperdiciando? La próxima vez que vayas en tu auto escuchando música o hablando por teléfono con alguna amistad, piensa en lo que acabas de aprender ahora.
Es cierto que los tiempos muertos no siempre pueden utilizarse para hacer otras cosas. Existen actividades que requerirán de tu atención. Como te decía anteriormente, todo es cuestión de ponernos creativos para hacer que ese tiempo sea más productivo.

Aquí tienes una idea muy simple que he puesto en práctica para aprovechar al máximo los tiempos muertos, que puede servirte de inspiración:

Recientemente he reducido el tiempo de preparación y consumo del desayuno en unos diez minutos. En lugar de mi comida habitual, ahora preparo un batido de dieta y lo bebo mientras hago alguna otra tarea, como vaciar el lavavajillas, o incluso mientras abro mis correos electrónicos diarios. En realidad, estoy utilizando diez minutos extra para trabajar en mis objetivos, en lugar de preparar y comer un desayuno normal.

Sé que 10 minutos al día no parece un cambio muy radical en la productividad de alguien, pero es un comienzo que bien vale la pena intentar. Y tú, ¿cómo puedes aprovechar tus tiempos muertos el día de hoy?

3.3 Hábitos negativos

Es un hecho. Tus hábitos negativos limitan tu éxito en la vida. A continuación, te presentaré cinco de los peores, con sugerencias para acabar con ellos. Es estupendo si puedes reprogramar tu mente y desarrollar buenos hábitos, pero el simple hecho de deshacerte de los malos hábitos es un gran comienzo para una vida mejor.

1. Esperar la oportunidad. La pregunta del millón: ¿Debería estar "esperando a que llegue el momento perfecto", mientras otros están ahí fuera tomando lo que es mío? Esperar no invita a las oportunidades - el trabajo lo hace. Empieza a buscar oportunidades o créalas tú mismo. Entrena a tu mente para reconocer oportunidades y una vez que las identifiques, ve por ellas. No tengas miedo a fallar. Recuerda que mientras no te rindas, no podrás fallar.

2. Pensar a corto plazo. Por supuesto que los resultados a corto plazo son mucho más atractivos que esperar por años a sembrar lo que cosechaste. Sin embargo, tienes que cambiar tu mentalidad y darte cuenta que los imperios no se construyen en un solo día. La perseverancia, es quizás uno de los dones más grandes de las personas exitosas.

3. Acciones impulsivas. Todos alguna vez hemos actuado por impulso. Pero cuéntame, ¿qué tal te resultó eso? No estoy diciendo que sea malo escuchar tu intuición de vez en cuando, el problema es cuando esto se convierte en un hábito. Actuar sin pensar puede ser muy dañino tanto para tus relaciones personales, como para tu estabilidad financiera

¿La solución? Espera un día antes de realizar cualquier acción que comprometa tiempo, energía o dinero hacia algo que no sea un objetivo importante para ti. En otras palabras, "consúltalo con la almohada".

4. Victimizarse. Ya sea una situación justificada o no, culpar a otros por nuestras desdichas o fracasos nunca te va ayudar a salir de ellos. Esta es sin duda uno de los peores hábitos negativos. Las personas exitosas son 100% responsables de su situación, sea cual sea. En lugar de lamentarse, buscar venganza o recriminar al otro, buscan maneras de lidiar y solucionar los problemas, mientras que una persona víctima, solo logra hundirse más.

5. Procrastinación. Ya hemos hablado sobre este problema en específico. Pues bien, el secreto para vencer a este temido enemigo de la productividad es este: simple y sencillamente comenzar. Por lo general, el solo hecho de comenzar desarrollará tu motivación.

Quizá hayas oído el dicho "Si cambias tu mente, cambia tu vida". Un buen comienzo es corregir tus hábitos negativos, uno por uno. ¿Por qué no comienzas hoy a trabajar en uno? ¡Sí, simplemente comienza!

3.4 Falta de programación de actividades

Las personas realmente productivas saben lo que tienen que hacer y cuándo hacerlo. Por el contrario, las personas que tienen problemas de productividad tienden a realizar las tareas de forma aleatoria.

A menudo no tienen claro lo que tienen que hacer exactamente, y definitivamente no saben priorizar las cosas importantes. En pocas palabras, no hay un plan de actividades programadas.

¿Eres enemigo del tiempo? ¡Es hora de conquistarlo con una desprogramación mental! El tiempo puede ser tu amigo o tu enemigo. Para muchas personas que disponen de tiempo libre, realizar proyectos a largo plazo o tareas de escritura, es un tirano despiadado. Es demasiado fácil dejar que la tarea más difícil se postergue un poco más, a medida que se va llenando el día con tareas triviales y repetitivas, así como emergencias.

En el libro "Procrastinación: Porque lo haces y qué hacer al respecto" de Jane Burka y Lenor Yuen, los autores sugieren que los procrastinadores tienen una extraña relación con el tiempo. Viven en una burbuja de ilusión: creen que pueden estirar el tiempo como por arte de magia para satisfacer sus necesidades. Actúan como si el tiempo no fuera finito y limitado.

Así que, si el tiempo te controla perpetuamente, puede ser porque no lo entiendes. Piensas que las pequeñas tareas serán interminables, por lo que las pospones, o crees que las grandes tareas sólo te llevarán una o dos horas, en consecuencia, no dejas tiempo suficiente para ellas. Y por alguna extraña razón cósmica, pasan las semanas, los meses, y el tiempo nunca es suficiente.

De hecho, las investigaciones han demostrado que la mayoría de las personas, sobrestiman el tiempo que realmente han dedicado a sus proyectos más importantes a largo plazo.

Otra razón por la que el tiempo te controla, según Burka y Yuen, es que, no tienes ni idea de cuánto tiempo estás dedicando a tareas como los desplazamientos, la compra, la cocina o el correo electrónico, los tiempos muertos que ya conocemos. Por lo tanto, es un misterio cuánto tiempo libre hay para las tareas difíciles pero fáciles de posponer y que parecen tan abrumadoras.

Pero entonces, ¿cómo puedes dominar el tiempo? Empezando a programar tus actividades.

1. Para empezar, utiliza un calendario semanal que divida cada día en horas.
2. Anota todo lo que debes hacer en la próxima semana, sin incluir tus proyectos a largo plazo.
3. Incluye todo lo demás, incluso las comidas, el sueño, los desplazamientos, las citas y las clases.
4. Calcula cuándo y cuánto tiempo te llevará cada cosa y márcalo en tu calendario en las horas que probablemente harás cada actividad
5. Incluye las actividades recreativas, de ocio y sociales (¡fundamental!)

En este punto mira tu calendario para ser consciente de:
- ¿Cuánto tiempo no programado está realmente disponible?
- ¿Qué le falta a tu vida? ¿Tienes suficiente tiempo para divertirte, socializar y simplemente desconectarte?

A medida que avanza la semana, cada vez que trabajes en tu proyecto durante al menos 30 minutos, márcalo en tu calendario. Si 30 minutos te parece demasiado, intenta comenzar con 15. Luego, al final de cada día y de cada semana, puedes sumar la cantidad de tiempo que has dedicado a tu objetivo.

Esta nueva rutina te ayudará en varias cosas:
- Evita que te sientas decepcionado contigo mismo.
- Te sentirás bien por lo que has hecho en lugar de mal por lo que no has hecho.

- Recordarás recompensarte a ti mismo cambiando a una actividad más agradable.
- Podrá controlar más fácilmente cuánto has trabajado realmente en tu proyecto cada semana, en lugar de cuánto tiempo deseas trabajar en tu proyecto.
- Te demostrarás a ti mismo que los pequeños bloques de tiempo SÍ suman, y que vale la pena hacerlos.

Para maximizar tus resultados puedes buscar patrones, por ejemplo, descubrir tus mejores horas o días de trabajo. Si trabajar con un horario no te ha funcionado, si reconoces que tienes una relación distorsionada con el tiempo, o si simplemente eres un procrastinador común y corriente como la mayoría de nosotros, entonces programar tus actividades puede ser la solución para ti. ¡Pruébalo!

También hay que entender que la gestión del tiempo no se limita a programar tus planes y actividades diarias con antelación. También hay otras cosas que debes tener en cuenta para poder utilizar la gestión del tiempo a tu favor.

Para que te funcione, tienes que saber qué quieres conseguir en un periodo de tiempo determinado durante el día. En otras palabras, tendrás que considerar bien tus prioridades. Asegúrate de dar más importancia a las cosas que tienes que conseguir antes.

Aparte de eso, tienes que saber cuánto tiempo necesitas dedicar a cada una de ellas, de modo que podrás asignar adecuadamente el tiempo para cada una de las tareas que te propongas al principio de cada día.

Hacer una lista de las cosas que quieres o necesitas hacer cada día, junto con la elaboración de un horario, te permitirá tener una cierta guía a la que referirse y seguir. De este modo, te resultará más fácil alinearte a tus planes. Por supuesto, cuando planifiques tus tareas, debes hacer que tu horario sea realista en lugar de intentar meter todo en un corto espacio de tiempo. Si no lo haces, puedes sentirte frustrado al final del día con objetivos no cumplidos.

Para gestionar el tiempo, basta con planificar un horario que se seguirá todos los días. Aunque parece fácil, muchos de nosotros tendemos a olvidar lo que habíamos planeado hacer. Puede que nos parezca fácil organizar el tiempo y planificar en nuestra mente, las cosas que queremos realizar al día siguiente.

La lista de cosas que tienes que realizar en diferentes momentos del día, te servirá como referencia para poder seguir tu progreso. De este modo, podrás practicar una mejor gestión del tiempo y realizar más tareas, en lugar de intentar completar todo al mismo tiempo.

Aunque al principio te resulte difícil cumplir los horarios, te acostumbrarás poco a poco. Al final de cada día, puedes sacar tu horario para evaluar cómo has hecho para cumplirlo.

Con el paso de los días, podrás notar la diferencia que la gestión del tiempo supone en tu vida, ya que, aumentará el número de tareas que eres capaz de realizar cada día. Esto te permitirá sentirte más seguro de tus habilidades y te permitirá funcionar incluso bajo presión.

3.5 Mala gestión de actividades

En ocasiones, la programación de actividades no es suficiente. La montaña rusa de la productividad tiene muchas altas y bajas. Si eres como la mayoría, pronto descubrirás que tus sistemas y procedimientos no funcionan. Descubrirás que a pesar de lo que haces, no puedes mantenerte enfocado y terminar las tareas o metas que tienes. Descubrirás que, básicamente, estás gestionando mal tu tiempo y que no eres capaz de lograr ni las pequeñas ni las grandes metas.

Y es que, la inevitable aparición de actividades que no tenías contempladas en tu programación, pueden estar frenando tu progreso.

Sin embargo, cuando empiezas a ver tus compromisos desde el punto de vista de alguien que está decidido a triunfar en una meta desafiante, es decir, alguien que debe utilizar su tiempo de forma óptima, con frecuencia se presentan nuevas soluciones a dilemas que antes eran "imposibles" de resolver.

Tienes que ser sincero. Es probable que tus padres, puedan encontrar otra persona que les corte el césped y les realice la limpieza del hogar, como otro miembro de la familia, o el joven del instituto que vive en la misma manzana y que necesita un poco de dinero extra. O bien, tu pareja y tus hijos pueden sobrevivir con comida para llevar o cocinar su propia comida un par de noches a la semana.

Si no tienes una meta establecida, adicional a las exigencias cotidianas de la vida, entonces no te afectará seguir cortando el césped, preparando todas las comidas para tus hijos y hablando durante horas diariamente con tus amigos. Sin embargo, cuando te comprometes con alcanzar el éxito, básicamente estás declarando que serás realmente disciplinado en la forma de pasar tu tiempo, ya que tienes que reservar todo el que puedas para cumplir tu objetivo.

Esto es un verdadero reto para las personas que dejan que otros, como la familia, los amigos, los vecinos, los colegas y las empresas, controlen su tiempo por ellos. Casi todas las personas ambiciosas, por ejemplo, tienen que reducir el tiempo que dedican a las tareas domésticas lo más parecido posible a la nada, para poder utilizar el tiempo y la energía recuperados para trabajar en su aspiración.

De acuerdo, si te gusta la jardinería y te alimenta el alma, no lo dejes. ¿Pero lavar la ropa? ¿Hacer la plancha? ¿Limpiar el suelo? ¿Hacer cola en el mercado? En la medida en que seas capaz de encontrar a alguien que haga estas cosas tu productividad aumentará.

Manda la ropa a la lavandería, contrata a alguien para que corte el césped o pide a tu pareja o a tus hijos que lo hagan, compra una aspiradora robot para fregar el suelo y pide que te traigan la comida a domicilio.

Si te sientes raro siguiendo alguno de estos consejos, grábate esto en la mente: reducir la carga de trabajo doméstico es una inversión en ti mismo. Del mismo modo, no es realista creer que puedes emplear tu tiempo del mismo modo que las personas que no tienen sueños y viven en piloto automático. Nada de esto debe interpretarse como que abandonas a tus seres queridos o a tus amigos. Simplemente implica que inviertas tu tiempo con criterio.

Aunque no estés cortando el césped de tus padres, por ejemplo, puede que los lleves a las citas médicas: esa es una actividad de mucho más valor que probablemente sea una utilización mucho mejor de tu tiempo. Y aunque no estés preparando cenas caseras todas las noches, puede que sigas haciéndolo un par de veces a la semana.

Y aunque no vayas a poder hablar con tu amiga durante horas diariamente, puedes seguir estando disponible para ella en momentos de verdadera necesidad. Puede dar miedo alterar los términos de nuestra interacción con alguien, sobre todo si hemos estado interactuando con ella de una manera determinada durante años. Doblemente si se nos ha enseñado a subordinar nuestras necesidades a las de otras personas, como ocurre particularmente con muchas mujeres.

Las personas suelen responder mal cuando les decimos que no podemos hacer algo por ellas, o pasar tanto tiempo con ellas, como hasta ahora. Sin embargo, a menudo, si nos tomamos el tiempo de compartir nuestra situación, nuestras aspiraciones y nuestras necesidades, serán sorprendentemente empáticos y estarán dispuestos a ayudar.

Así que, no te limites a decirles que vas a estar menos disponible, cuéntales por qué, e invítalos a que te apoyen y ayuden. Si después de compartir tu historia, algunas personas siguen sin ser empáticas o se muestran activamente antipáticas, es un problema lamentable, pero típico.

Por eso, las personas que tienen éxito aprenden a decir "no" y a distanciarse de las personas que no les apoyan o son tóxicas, incluso si están relacionadas con ellas. El tiempo que decidas dedicar a ayudar a otras personas debes incluirlo en tu agenda semanal o mensual. Asimismo, debes dedicar tiempo a tu propia relajación y a los sucesos involuntarios y las emergencias.

Mucha gente piensa que la gestión del tiempo consiste en intentar meter todo lo posible en la agenda, pero no es así; se trata de despejar todo lo posible de tu agenda para que puedas trabajar, a un ritmo cómodo y sin estrés, en tus objetivos cruciales.

Resumiendo: cualquier cosa que te desvíe de tu camino y que no sea una emergencia inevitable es procrastinación, por muy crucial que pueda parecer en ese momento.

¿Tienes tiempo para algo más? Conozcamos un poco sobre la gestión técnica del tiempo.

Seguro alguna vez escuchaste sobre el método Eisenhower, que plantea la diferencia entre importancia y urgencia. La técnica es que si el asunto es:

- **Importante y urgente** - hazlo ahora sin pensar en otras cosas.
- **Importante pero no urgente** - marcar la fecha en el calendario.
- **No importante pero urgente** - deja que otra persona se encargue y trata de mantenerte alejado en la medida de lo posible.
- **Ni importante ni urgente** -no pierdas el tiempo en ello.

Este método, es realmente muy eficaz para ordenar las cosas de forma equilibrada, y sacar las prioridades de una mente confusa. Pero ¿no suena muy restrictivo, como si nuestra vida estuviera encadenada evidentemente a una regla mecánica?

Experimentemos otra cosa, otro plan, que nos da una imagen de la vida que siempre anhelamos pero que nunca podemos conseguir. Las tareas que son:

- **Urgente e importante** - te hace perder el tiempo en la carrera de la vida cotidiana. Redúcelo a la mínima expresión enviando, si es posible, a los delegados.
- **No urgente e importante** - el deseo secreto de vivir la vida al máximo. Es como un modo estratégico de imagen. Maximiza el tiempo que le dedicas, pues la vida está aquí.
- **Urgente y no importante** - tareas repetitivas,

monótonas y dolorosas que el trabajo/negocio insatisfactorio te proporciona, de las que es difícil salir. Acórtalas o delégalas a otras personas.
- **No urgente no importante** - simplemente actividades que no aportan nada positivo a tu vida como escuchar los chismes de la vecina, ver la televisión innecesariamente, o dormir de más para escapar de cualquier depresión. Redúcelo al mínimo.

Este método lo proporciona Steve Coley en sus siete hábitos en "Put First Things First" (Pon las Prioridades Primero - hábito tres), donde da importancia a una vida basada en la alegría.

Poner a prueba esta metodología mejorará nuestro estado de ánimo, aumentará nuestra confianza en nosotros mismos, nos dará tiempo para pensar en las cosas realizadas, y nos hará más decididos. Sabemos que tenemos que trabajar duro para posicionarnos en la vida. Pero al hacerlo con felicidad no se sentirá que la vida se ha gastado en prisas.

3.6 El agotamiento físico

Imagina que estás trabajando hasta altas horas de la noche en un proyecto que debes entregar por la mañana. Tu cuerpo está cansado y tu mente está adormecida, pero el proyecto debe estar terminado, así que sigues trabajando a pesar de tener la clara sensación, que el proyecto sería mucho más fácil si fueras a la cama y lo abordaras de nuevo por la mañana.

Te sientes obligado a hacerlo ahora, así que te quedas despierto hasta altas horas de la madrugada, produciendo un trabajo menos deseable en mucho más tiempo del que habría llevado con la mente descansada. Probablemente no fue la decisión más inteligente, ya que no sólo se perdió productividad, sino también calidad.

Tener una mente descansada realmente puede marcar la diferencia en nuestra productividad diaria, ya sea en el trabajo o en las tareas domésticas que intentamos realizar. Nuestras mentes no están hechas para trabajar durante horas y horas sin descanso.

Necesitan descansos y vacaciones. Necesitan la capacidad de recargarse de la sobrecarga diaria de percepciones y pensamientos. Trabajar constantemente con la mente en horas extras sin períodos frecuentes de restauración puede ser perjudicial para nuestro trabajo, nuestra actitud e incluso nuestra salud física.

El sueño adecuado es crucial para permitir que nuestra mente subconsciente se desprenda de todo el estrés del día. Durante el sueño, nuestra mente se recarga, generando la resistencia y la percepción necesarias para un nuevo día. Si no dormimos lo suficiente, nuestra mente será lenta y perezosa, apagándose por sobrecarga de estímulos. Esto crea unas condiciones en las que no podemos pensar, hablar o actuar eficazmente con todo nuestro potencial.

Sin el nivel de conciencia y alerta que proporciona una mente descansada, nuestro ritmo se ralentiza y la productividad se pierde. Cuando nuestra mente está sobrecargada de trabajo, solemos caer en el modo "automático" y nos cuesta centrarnos en las tareas que tenemos entre manos. Los pensamientos vagan con frecuencia y se pierde la capacidad de concentración.

La mayoría de las personas saben cuándo y cuánto necesitan dormir para sentirse renovados, pero rara vez nos permitimos ese lujo. Intenta ver el sueño adecuado como una inversión en tu bienestar general, y recoge las recompensas a la mañana siguiente.

3.7 El estrés

La vida es agitada. Hay que aceptarlo. Parece que, si no estamos haciendo algo activamente, estamos en camino a la siguiente cosa. Hay que lavar la ropa, preparar la cena, el trabajo se acumula en tu escritorio y en un segundo, vas tarde al entrenamiento de fútbol de tu hijo. ¿Cómo se supone que vas a encontrar tiempo para ti?

Pero al mismo tiempo sabes que serías una pareja, padre, amigo y empleado mucho mejor, si tu vida estuviera en equilibrio y te tomaras tiempo para relajarte y rejuvenecer.

El estrés excesivo puede ser muy debilitante. Nos hace sentirnos abrumados y nos distrae de hacer nuestro trabajo, y lo que es peor, promueve la formación de pensamientos negativos. El estrés puede obstaculizar nuestra productividad al hacernos más dispersos y desconcentrados. Somos incapaces de concentrarnos en una cosa a la vez, porque la causa del estrés está siempre en el fondo de nuestra mente, reclamando atención.

Reducir los factores de estrés en nuestras vidas nos ayudará a llevar una vida más productiva y feliz. Intenta recordar que hay cosas por las que no merece la pena preocuparse, y que no tiene sentido estresarse por cosas sobre las que no tenemos control.

Dado que gran parte de nuestro estrés es el resultado de la preocupación por cosas que escapan a nuestro control, permitirnos dejar de lado estos pensamientos puede reducir en gran medida el estrés en nuestras vidas.

La meditación es una forma estupenda de tranquilizar nuestra mente y desarrollar procesos de pensamiento claros.

Prueba este ejercicio al menos una vez al día: Busca una habitación tranquila sin interrupciones, siéntate en una posición cómoda y cierra los ojos. Deja que todos los pensamientos abandonen tu mente e intenta concentrarte en el silencio que hay en tu interior. Cuando los pensamientos comiencen a flotar en tu mente, simplemente empújalos suave y firmemente hacia afuera.

Esta técnica requiere práctica para perfeccionarla, pero si la sigues, te ayudará a desarrollar una intensa concentración que puede aprovecharse también de otras maneras.

Meditar con regularidad acabará por mejorar nuestra productividad, ya que desarrollaremos la capacidad de concentrarnos claramente en cada tarea y, en última instancia, conseguiremos hacer más cosas en menos tiempo.

Éstas son sólo algunas de las formas sencillas de contribuir a una mente descansada, que nos ayudará a liberar el estrés, mejorar nuestra concentración y aumentar nuestra productividad.

3.8 No delegar actividades

Si tienes demasiado trabajo encima, no dudes en pedir ayuda a otras personas. Además, debes evitar ponerte en este tipo de situaciones en el futuro, y tomar sólo lo que puedas terminar sin estresarte. Ayuda a otras personas sólo cuando puedas dedicarles tiempo, de lo contrario es mejor que no lo hagas.

Recuerda siempre que la gestión eficaz del tiempo no requiere que tengas los conocimientos de un científico. Para gestionarlo adecuadamente, debes tomar nota de todo con mucha antelación y hacerlo en función de ello.

Sé humilde y admite que tienes un tiempo y una energía limitados, que todos los trabajos no son igual de importantes para ti. Así que haz una lista de prioridades de las cosas importantes que hay que hacer, seguidas de las tareas menos importantes y así sucesivamente.

Cuando no tengas tiempo ni energía para estas tareas, reconoce la importancia de delegar estas actividades. Míralo como una inversión inteligente que se refleja en tu rendimiento, en tu salud y en tu estado de ánimo. Cuando algunas cosas que hay que hacer no necesitan tu atención personal, haz que las haga otra persona. Por lo tanto, delega.

3.9 No automatizar procesos

¿Sabes cuánto tiempo pierdes en tareas manuales y repetitivas?

En un mundo cada vez más tecnológico, no hacer uso de automatizaciones en los procesos podría ser un grave error para muchas empresas.

Las tareas manuales repetitivas, como la introducción de datos, procesos administrativos y contables, servicio a clientes, seguimiento de ventas y mucho más, están quedando a cargo de softwares computacionales o aplicaciones tecnológicas, lo que permite a los trabajadores enfocarse en aspectos más gratificantes de su trabajo.

Todas esas tareas manuales y repetitivas que matan la productividad y que se ejecutan cada día para mantener a las empresas en funcionamiento están siendo reducidas considerablemente. Y esto no se reduce únicamente al negocio

Echa un vistazo en tu teléfono móvil. ¿Cuantas aplicaciones no tienes instaladas?
Muchas de estas aplicaciones pueden ayudarte en gran medida a acortar tiempos sin salir de casa.

Ya no es necesario pasar horas haciendo filas en el banco, puedes entrar a tu banca electrónica desde tu teléfono móvil y realizar todas las transacciones que necesites. ¿Quieres comprar zapatos de última moda? Sin problema, solo entra a la tienda en línea y compra desde tu computadora. ¿Quieres reunirte con tu prospecto para mostrarle tu propuesta de negocios? Simple, programa una reunión por zoom.

Se estima que las innovaciones que trae consigo la tecnología, reducirán una cuarta parte de la semana laboral de cientos de miles de personas, siendo el correo electrónico, la recopilación de datos y la introducción de datos las que más tiempo ocupan. La automatización de procesos no solo reducirá en un 69% el tiempo perdido, sino que también eliminará el 66% de los errores humanos (66%) y recuperará el 59% de las horas perdidas en tareas manuales y repetitivas.

Hay muchas herramientas que han demostrado ser muy eficaces para la gestión del tiempo y que han funcionado con éxito: listas de tareas, calendarios de tareas, software de gestión de proyectos, gráficos de tiempo, sistemas de recordatorio, diagramas de secuencia, establecimiento de alarmas y la lista sigue.

Así que ya no tienes excusas. Usa la tecnología a tu favor de una vez por todas y empieza a automatizar esas molestas y repetitivas tareas que normalmente postergas.

Capítulo 4: Evaluando tu tiempo

4.1 Identificando tiempos muertos

Antes de seguir leyendo, piensa en esto, ¿qué haces cada día para ser eficiente en la gestión de tu propio tiempo? ¿Estás pensando en otros pendientes mientras trabajas en medio de una determinada tarea? ¿Te encuentras pensando en las cosas que deberías haber hecho en el día mientras estás tumbado/tumbada en tu cama? Si es así, no te sientas mal, es una buena señal porque al menos eres consciente de cómo estás haciendo uso —sea bueno o malo — de tu propio tiempo.

Sin saberlo has dominado el primer paso de la gestión del tiempo: el arte de ser consciente de lo que quieres o tienes que hacer para conseguir tus objetivos.

La gestión del tiempo tiene varios niveles que debes abordar. Se puede decir que eres un gestor del tiempo eficiente, si eres capaz de manejar una tarea imprevista que no está incluida en tu programa predeterminado del día.

Aquí es exactamente donde la verdadera gestión del tiempo entra en escena y es algo que debes aprender. Sin embargo, por ahora, una forma sencilla de crear un horario eficiente puede ser tomar un solo día de la semana, preferiblemente un día del fin de semana para sentarte al menos una o más horas y diseñar tu horario para toda la semana.

Al hacerlo, deberás anotar las tareas que tienes a diario y asignar la cantidad de tiempo necesaria para realizarlas. No te engañes incluyendo lo imposible. Asegúrate de que el horario que has creado se ajuste a la realidad. Puedes imaginar en tu mente la forma en que funcionaría a medida que vas creando el horario.

Sí, al principio puede ser complicado. Sin embargo, ten en cuenta que hacer una buena gestión del tiempo te ofrecerá grandes beneficios en casi todas las áreas de tu vida que incluye especialmente el trabajo y el hogar. En otras palabras, imagínate tomando unas vacaciones en Bora Bora — o cualquiera que sea tu lugar paradisíaco favorito.

Para desarrollar un plan de gestión del tiempo con éxito, primero debemos evaluar nuestro tiempo. Debemos sentarnos y preguntarnos ¿cuánto tiempo nos lleva comer? ¿Cuánto tardamos en vestirnos y arreglarnos para ir al trabajo? ¿Cuánto tiempo nos lleva preparar las comidas que tenemos que hacer? Todo lo que hacemos lleva una cierta cantidad de tiempo. Puedes empezar escribiendo cuánto tiempo te lleva hacer cada una de las tareas que tienes que hacer cada día.

A continuación, siéntate y evalúa tu lista. ¿Estás perdiendo 10 minutos aquí y allá en esas tareas que tienes que hacer y que podrías utilizar para otra cosa?

A dónde va nuestro tiempo es un elemento esencial a determinar para todo nuestro plan de gestión del tiempo, si queremos empezar a pasar más calidad con las personas más importantes de nuestra vida y menos tiempo perdido en alguna tarea rutinaria. Este es el primer paso absoluto para crear tu propio plan de gestión del tiempo personalizado. Debes determinar dónde estás perdiendo el tiempo y luego decidir cómo utilizar ese tiempo de manera más eficaz. Recuerda que una vez que se pierde ese tiempo, no se puede recuperar.

A continuación, te mostraré un ejemplo de cómo puede lucir

tu plan de gestión de tiempo personalizado.
Tu jornada laboral

6:00 a.m. Estás durmiendo cómodamente en tu cama y de pronto suena el despertador. Por muy tentador que sea oprimir el botón de "Aplazar", esta vez intenta algo diferente. Intenta levantarte 10 minutos antes de lo que realmente lo harías. Ahora tienes 10 minutos extras para meditar, escribir en tu diario o revisar tu programa de actividades.

7:00 a.m. Vas en el metro en el trayecto a tu trabajo. Como ya conoces las consecuencias de no aprovechar los tiempos muertos, entras a Spotify para escuchar algún podcast inspirador, es hora de crecer en mente y espíritu. Talvez mañana pruebes algunos consejos de inversión. Pronto notarás que el tiempo de viaje se reduce a su tercera parte.

8:00 a.m. Llegas a tu escritorio – en donde está todo ordenado como lo dejaste ayer. En lugar de entrar directo a revisar tu correo electrónico o peor aún, Facebook. Hoy has decidido comenzar con el proyecto más exigente del mes. Tus compañeros del trabajo ya saben de antemano que este es tu horario más productivo así que no te interrumpirán. Pones la cuenta regresiva a 30 minutos en el cronómetro ¡y comienzas!

10:00 a.m. Empiezas a escribir un correo electrónico a un cliente. Te sabes este mensaje de memoria porque ya has redactado este tipo de correos muchas veces. ¡Pero espera! ¿porque no dejas que la tecnología trabaje por ti esta vez? Después de todo no te vendría nada mal un break. Consigue una aplicación o software CRM que te permitirá usar mensajes repetitivos pre guardados para enviar a tus clientes en cuestión de segundos, o por último puedes crear una carpeta donde incluyes documentos según el tipo de correo que necesitas redactar.

12:00 p.m. Ese informe de fin de mes te está tomando más tiempo del que pensabas. ¿Por qué no aprendes algunos atajos en tu teclado para aumentar la productividad? Puedes imprimir una lista de atajos y colocarla junto a tu pantalla. Con el tiempo, te sentirás cómodo usándolos en automático.

2:00 pm Vuelves a la oficina con el estómago lleno y algo somnoliento. Tus compañeros te invitan a un café y, ya sabes, a unos 10 minutos de charla. No todo tiene que ser trabajo, recuerda que los descansos también son importantes para la productividad ¿Por qué no dar un pequeño paseo? Caminar puede ayudarte a ordenar tus pensamientos, a concentrarte y a refrescar tu mente.

5:00 p.m. Estás en el tren nuevamente y te diriges a casa. Te sientes agotado porque realmente has tenido un día muy ocupado. Saca tu Kindle y retoma la lectura del día anterior de tu libro de ciencia ficción favorito o ese manual de como iniciar tu propio negocio en línea. Si leer no es lo tuyo, puedes escuchar un audiolibro.

7:00 p.m. Estás a punto de lavar la ropa, sacar la basura, y la lista continúa. Si tienes pareja, ya sabes a qué me refiero. Ponte los auriculares inalámbricos y escucha algún audio subliminal con mensajes positivos para cargar tus baterías mentales. A partir de aquí, nunca más harás las tareas domésticas sin ponerte los auriculares.

Es increíble. ¡Con esta rutina no se pierde ni un solo minuto! No puedes esperar a lavar los platos, lavar la ropa y planchar las camisas, porque sabes que estás fortaleciendo tus músculos mentales. Además, mantener el ambiente de tu hogar limpio y fresco te motiva aún más para seguir con tus actividades y esto contagia a toda la familia.

9:00 p.m. Te sientes un poco mal porque te has saltado el ejercicio de este día. Habías planeado hacerlo, pero tu día se ha desarrollado como siempre: Con muchas tareas pendientes y aparentemente sin márgenes para contrarrestarlas.

Aunque está claro que te has saltado tu entrenamiento de una hora completa, puedes coger tus mancuernas y hacer ejercicio durante 15 minutos mientras ves tu programa de televisión o tu película favorita. Esta vez, de nuevo, no tienes que sacrificar tu "tiempo personal" mientras disfrutas del beneficio de un entrenamiento.

Bien, ahora hagamos cuentas. Echemos un vistazo hacia atrás y hagamos un resumen de todo lo que has hecho a lo largo del día sin invertir ni un solo minuto extra:

Meditación - 10 minutos
Escuchar podcasts inspiradores: 30 minutos
Aprovechar la tecnología y automatizar procesos: 45 minutos
Caminar - 10 minutos
Leer - 30 minutos
Escuchar audios subliminales: 30 minutos
Hacer ejercicio: 15 minutos
Estas cosas equivalen a un total de 170 minutos, ¡casi tres horas de actividades significativas sin reclamar un solo minuto de tu agenda! Además, estas actividades fortalecerán tus músculos mentales y físicos. Contribuirán a tu productividad y a tu bienestar general.

Espero que te hayas dado cuenta de que no has consumido ni un solo minuto de tus nuevos hábitos. Acabamos de aprovechar tus tiempos muertos para sacar el máximo partido a tu día. Ahora te toca a ti reconocer tus tiempos muertos y crear los hábitos necesarios para aprovecharlos. Experimenta con tus señales y recompensas para descubrir qué te funciona para establecer el hábito deseado.

Te sugiero que formules -como lo llamarían los expertos en productividad- una plantilla en Excel o Google Sheets con tu día ideal, para identificar tus tiempos muertos. A continuación, rellena esos huecos con contenido real. Esa plantilla no es más que un paisaje real de tu día, que muestra tu horario en bloques de una o dos horas. Dedica una hora a rellenar tu plantilla para evitar fugas mentales.

4.2 Definiendo hábitos que se poseen

Los hábitos de cada persona son únicos y dependen en gran medida de las preferencias personales. Nos diferenciamos mucho en nuestra forma de adaptarnos a las cosas. Mientras unos aprenden viendo a otros, otros se basan en escuchar, también hay personas que necesitan el tacto para adaptarse a las cosas.

También somos diferentes en otros aspectos. Algunas personas tienen hábitos de limpieza y orden durante toda la vida. Tal vez sea una experiencia de la infancia o una demostración de los padres a la que se han adaptado. Esa pulcritud en la escritura, en la organización de la habitación o en la habilidad para archivar documentos y ordenar las cosas, se ha convertido en un motivo de orgullo para los padres a lo largo del tiempo.

Mientras tanto, otros se aferran a una vida de hábitos desordenados. Siempre les cuesta descubrir las cosas necesarias a tiempo, se juran a sí mismos que cambiarán esta vez, lo hacen por un día, y al día siguiente lo olvidan, siguiendo de nuevo el mismo camino trillado, sin rumbo fijo.

Por otro lado, también hay quienes parecen tener hábitos de

organización a su manera. Para ellos mantener el orden no es una prioridad en sus vidas, pero saben exactamente dónde están las cosas en el momento que son requeridas. Sacarán un papel del montón desordenado, pero le dan la misma importancia a ordenar esas hojas desordenadas en ese mismo momento.

La organización —o desorganización, según sea el caso, es susceptible de cambiar. Varía mucho según el hábito, la elección y la mentalidad en la que uno se encuentre.

Seguro que te identificas con alguno de estos personajes en cuanto a hábitos de organización y gestión se refiere, pero debes saber una cosa. Siempre estamos aprendiendo. Tal vez aquí puedas encontrar algunas sugerencias con las que puedes lograr una gran transformación en tu vida.

Así que, si crees que te faltan ciertos hábitos positivos o quizá deberías eliminar o cambiar algunos hábitos negativos lo que te ayudará mucho, antes de nada, tienes que saber dónde estás y cuál es exactamente tu objetivo. Sólo entonces entenderás qué hábitos tienes que acomodar para llevar a cabo una buena gestión del tiempo.

Saber en que realmente gastas tu tiempo puede ser un dato muy revelador que te ayudará a gestionar tu tiempo correctamente. Como ya hemos aprendido a lo largo de estas páginas, una forma muy útil para evaluar y determinar el uso real del tiempo es hacer un seguimiento del mismo. La diferencia aquí es que el proceso es cómo hacer una agenda de tareas, pero funciona a la inversa.

En lugar de anotar las cosas que tienes planeadas por hacer, el registro del tiempo es un proceso que consiste en anotar las cosas que ya realizaste. Hacer esto es una especie de ejercicio para conocerte a ti mismo, ya que este procedimiento pondrá de manifiesto muchos de los hábitos que actualmente podrías estar ignorando de forma selectiva.

Por ejemplo, algunas personas descubren que cada vez que planean hacer los deberes del hogar acaban viendo la televisión. O en lugar de estudiar para ese examen de Psicología, se pasan las horas navegando en redes sociales. Otras personas simplemente no pueden ponerse al día hasta la semana antes a la entrega de un proyecto.

Sean cuales sean tus hábitos de tiempo, el seguimiento del tiempo te ayudará a ajustar y afinar tus prácticas de gestión del tiempo. Disponer de información precisa sobre tus patrones de uso del tiempo puede servir como punto de referencia importante para el autocontrol.

A continuación, se presentan algunas formas de controlar el tiempo. Inténtalo y toma un momento para hacerlo. Pero realmente hazlo. Créeme que te ayudará a abrir los ojos.

El seguimiento del tiempo es bastante sencillo. Al final de cada hora, escribe una nota rápida sobre cómo has invertido tu tiempo en esa hora. La nota no tiene por qué ser larga: una frase o menos debería ser suficiente.

Si la forma en que has empleado tu tiempo no coincide con una actividad ya planificada, simplemente introduce un comentario sobre lo que realmente hiciste durante ese tiempo. De este modo, podrás revisar patrones que surgen en la forma en que empleas tu tiempo y podrás hacer ajustes para mejorar tu productividad.

A algunas personas les resulta útil modificar la planificación para facilitar el seguimiento del tiempo. Las modificaciones son bastante fáciles: haz dos columnas en un papel para cada día de la semana.

En una columna, escribe el plan que intentas seguir; en la segunda columna, anota lo que realmente hiciste con el tiempo. La comparación entre ambas columnas es muy reveladora y una excelente manera de averiguar cuáles son tus hábitos negativos, y en qué aspectos te están impidiendo utilizar el tiempo de la forma que pretendes.

Una vez identificados esos hábitos de conducta negativos, es hora de trabajar en hábitos positivos para gestionar nuestro tiempo correctamente.

Lo primero es trabajar en la organización. Es necesario organizar tus tareas para saber qué hacer y cuándo hacerlo. Ninguna persona con un objetivo claro en mente debería prescindir de un planificador diario.

Es probable que ya hayas utilizado varios tipos de herramientas de planificación, como una aplicación diaria, semanal, mensual, etc. Es importante tener en cuenta que el propósito de la planificación no es esclavizarte, sino registrar tus decisiones sobre cuándo deben ocurrir ciertas cosas, y crear patrones de conducta productiva y positiva.

Tu agenda debe incluir el horario de trabajo, citas con clientes o proveedores, eventos sociales, reuniones, tiempo de estudio, ejercicio y cualquier otra actividad necesaria para alcanzar tus objetivos. Anota todas las tareas junto con las fechas de entrega de las mismas.

Ve marcándolas a medida que las vayas completando, para que sepas en todo momento en qué punto se encuentran tus proyectos. Consulta tu agenda con frecuencia, varias veces al día. Haz que esto forme parte de tu rutina. Recuerda que estás formando hábitos positivos.

Cuando te levantes por la mañana, mira tu agenda para ver lo que tienes que hacer ese día.
Si tienes una cita, asegúrate de incluir un número de teléfono junto a la anotación, por si tienes que cancelar o cambiar la hora.

Utilizar códigos de colores puede ayudar a diferenciar las citas y las tareas según su prioridad. Por ejemplo, resalta en verde tus tareas domésticas, en amarillo las tareas repetitivas del negocio — ya sabemos cómo reducirlas — y en rojo las citas con los clientes o proveedores. La clave está en reconocerlo fácilmente. Cuando abras tu agenda, podrás ver fácilmente lo que tienes por hacer.

Aunque esto puede parecer algo tedioso, te aseguro que crear este tipo de hábitos positivos para gestionar tu tiempo te hará completar en meses lo que antes te hubiera tomado años, o quizá nunca hubieras concluido. Nadie dijo que sería fácil, pero sin duda los resultados serán más que gratificantes.

4.3 Definiendo actividades que se realizan y tiempo en que se ejecutan

¿Conoces las cosas que afectan tu productividad? Lo primero que vamos a pedirte en esta sección es que hagas una lista de las cosas que afectan personalmente a tu productividad. No las cosas que crees que afectan a la productividad en general, sino las cosas que te afectan a ti personalmente.

Piénsalo bien, abre tu programa de notas favorito (o simplemente coge papel y bolígrafo) y haz una lista de todas las cosas que crees que tienen un impacto negativo en tu productividad.

¿Quizás el correo electrónico te distrae? ¿Quizá te encanta Facebook? ¿Quizás tienes hijos que interrumpen constantemente tu jornada laboral? o ¿quizás sientes que siempre te falta concentración?

Como ejemplo, tu lista podría ser algo así: Mi novia viene regularmente a mi oficina y me hace preguntas. Dedico demasiado tiempo al día a clasificar los correos electrónicos y tengo la bandeja de entrada muy desorganizada. Tardo mucho en encontrar los archivos que busco porque tengo los documentos desperdigados por todo el escritorio. A veces me cuesta separar mi tiempo de trabajo y mi tiempo de ocio. Miro demasiado Facebook, etc.

Cuando hayas pensado en todas las cosas que crees tienen un impacto negativo en tu productividad, será más fácil mejorar la situación y tomar medidas para abordar cada una de ellas.

Una vez que hayas escrito tu lista, tómate un tiempo para pensar en cada una de ellas y pregúntate qué podrías hacer para eliminar la distracción o el problema. Debajo de cada punto, escribe una medida que puedas tomar. Por ejemplo:

1. Mi novia viene regularmente a mi despacho y me hace preguntas. *Pasos de acción* - Hablar con mi novia y definir mi horario de trabajo. Cuando esté trabajando en un proyecto X y no quiera interrupciones, hablaré con ella de antemano. Mantener la puerta de mi oficina cerrada cuando esté trabajando.
2. Paso demasiado tiempo al día revisando los correos electrónicos y tengo la bandeja de entrada muy desorganizada. *Pasos de acción:* No revisaré mis correos electrónicos hasta que haya completado al menos las

dos primeras cosas de mi lista de tareas diarias. En las tardes reservaré 30 minutos para revisar mi bandeja de entrada, eliminar los correos que no necesito y poner los que requieren acción inmediata en una carpeta separada.
3. Tardo muchísimo en encontrar los archivos que busco porque tengo los documentos dispersos en varias carpetas de mi escritorio. *Paso de acción:* Ir al escritorio de mi ordenador y poner mis archivos en carpetas. Eliminar todos los archivos innecesarios.
4. A veces me cuesta definir mi tiempo de trabajo y mi tiempo de ocio. *Paso de acción:* dejaré de consultar mis correos electrónicos cuando esté sentado frente al televisor cada noche.
5. Miro demasiado Facebook. *Paso de acción*: Sólo me permitiré consultar Facebook entre las 12 pm y la 1 pm en mi hora del almuerzo y después de las 6 de la tarde.

Evidentemente, estos son sólo ejemplos, y tienes que pensar en la solución que crees que te irá mejor.

4.4 Detectando actividades innecesarias

¿La lista de tareas te agota? Es hora de animar un poco esas tareas que te dan miedo o pereza abordar y que muy probablemente puedes elegir postergar. Esas tareas "chupasangre". Todo el mundo tiene al menos una de ellas. Algo que odias hacer. Algo que temes. Lo dejas para más tarde o haces todo lo posible por evitarlo. Incluso cuando tienes que hacerlo, te pones de mal humor.

¿Cuáles son para ti? ¿Tu reunión de personal? ¿Un viaje de negocios? ¿Trabajar con un cliente o compañero de trabajo en particular? ¿Problemas informáticos? ¿Realizar tu informe de gastos? ¿Revisiones de rendimiento? O una de mis favoritas

¿Hacer tu declaración de impuestos?

Sea lo que sea, es una "tarea chupasangre", algo que drena tu energía. Pero tiene que hacerse.

Yo en lo personal, la mayor parte de las veces me centro en las cosas divertidas, en lo que me gusta, en lo que deseo, en lo que me da energía y vida, y en cómo hacer más de eso. Así que, cuando identificó una tarea que me agota, busco una forma creativa de cómo podría dejar de hacerla, delegarla o automatizarla.

A veces, no hay forma de evitarlas, al menos por el momento. Puede ser algo temporal. Como una persona que empieza su propio negocio y a quien no le gusta la contabilidad. En cuanto tenga suficientes ingresos, contratará a un contable a tiempo parcial. Mientras tanto es el contable, le guste o no.

Podría ser algo más duradero. Por ejemplo, en la mayoría de las empresas, si eres gerente, tendrás que hacer revisiones de rendimiento, disfrutes o no de ellas.

Los impuestos para mi — y seguro también para muchos — son una pesadilla. Ya perdí la cuenta de todas las horas que pasé en ese escritorio recolectando facturas.

Sí, para mí los impuestos eran un gran drenaje de energía. Odiaba hacerlos.

Sólo la anticipación de hacerlos me hacía infeliz. A pesar de que Gonzalo, nuestro contador, hacía todo el trabajo de preparar nuestros impuestos, yo seguía teniendo que reunir la información para él. Cada año me llevaba dos o tres días y un montón de sufrimiento.

Reconozco que siempre tenemos opciones. Y yo tenía opciones sobre los impuestos.

Podría haber dejado de hacerlos. Pero no me gustaba mucho la idea de que Hacienda llamara a mi puerta en busca de esos impuestos impagados. Podía haber pedido a mi pareja que nos hiciera los impuestos. Pero pensé que esto le podría ser aún más infeliz que a mi.

Sí, tenía otras opciones. Y hacerlo yo mismo parecía mi mejor opción.

Ahora podrías pensar que estaba condenado. Encadenado para siempre a días miserables en mi oficina recopilando información para mi contable. Pero también puede que te des cuenta de que, si ese fuera el caso, no tendría mucho sentido esta historia.

Y el punto es que encontré una manera de aliviar mi miseria fiscal.

La solución: La estrategia de los impuestos

Unos meses después de que aprendiera a tomar decisiones basadas en mis sueños - lo que me da energía y vida - la temporada de impuestos se acercó una vez más.

Esta vez estaba decidido a encontrar una manera de hacer los impuestos sin agotar mi energía. Así que identifiqué lo que sabía me hacía muy feliz, y añadí algo de eso a mi tarea fiscal.

Puse música que me gustaba. Encendí un incienso con una fragancia que me gustaba. Dependiendo de la hora del día, tomé una copa de vino. Le pedí a mi pareja que trajera algo para cenar y que se sentara en mi oficina mientras yo trabajaba en los impuestos. Esta vez solo les dediqué un par de horas, en lugar de trabajar a toda prisa como había hecho en el pasado.

Y funcionó.

Debo admitir que los impuestos siguen sin ser lo más divertido que hago. Pero ya no drenan mi energía de la manera en que solían hacerlo.

Puedes aplicar mi "estrategia de impuestos" a tus propias tareas agotadoras: incorpora cosas que te iluminen y te hagan feliz. Hazlo antes, durante y/o después de la tarea. Mis clientes me dicen que esta sencilla estrategia marca una diferencia significativa en su energía y en su productividad.

Capítulo 5: Construyendo al Dios de tu tiempo

5.1 Definir objetivos

La vida puede ser a veces abrumadora. Sin una dirección clara, lo más probable es que vagues por el planeta en un estado de impotencia. No sabrás qué hacer ni cuándo hacerlo. Casi conseguirás ese ascenso. Casi seguirás con una idea de un millón de dólares. Casi harás todo lo que siempre quisiste hacer. Sin embargo, esto definitivamente no es manera de vivir. Por suerte, hay otra manera. Una forma mucho mejor, de hecho.

Para vivir la vida que eliges, debe haber una estructura. Tu vida debe tener orden si quieres tener éxito. La mejor manera que se ha demostrado que funciona es mediante el uso del establecimiento de objetivos. Sin un objetivo, serás infeliz y vivirás una vida insatisfecha. Con un objetivo, te centraras en lo que quieres exactamente. Serás más feliz y te sentirás más realizado.

¿Sabías que sólo tres de cada 100 personas se deciden por un objetivo? Muchas personas van por la vida sin una dirección clara, y consiguen exactamente para lo que se preparan. Pueden decir: "Me gustaría poder comprar ese coche". Esto es muy diferente a fijarse el objetivo de comprar el coche en una fecha determinada.

Un método te permitirá conseguir el coche y el otro te dejará de pie frente al escaparate del concesionario llorando. ¿Qué método prefieres utilizar? ¿No es de extrañar que un porcentaje tan pequeño de la población mundial controla la mayor parte de la riqueza? Esta minoría es la que fija los objetivos del mundo. Piden lo que quieren y luego lo reciben.

¿Cómo se puede empezar a establecer un objetivo? Hay algunos criterios que deben seguirse. En primer lugar, el objetivo debe estar claramente definido. No puedes decir "quiero un coche nuevo". Debes decir: "quiero un Mercedes negro nuevo con cristales tintados, quemacocos y aros de aleación con llantas deportivas". La imagen debe estar absolutamente clara en tu mente.

A continuación, debes fijarte un límite de tiempo. Si no te fijas un límite de tiempo, probablemente nunca lograrás el objetivo. Debes rendir cuentas. También debes creer que puedes conseguirlo. Sin una firme creencia, nada es posible.

Por último, debes comprometerte de forma irrevocable a alcanzar el objetivo. No hay vuelta atrás. Si cambias de opinión ante cada obstáculo, nunca conseguirás lo que quieres. Decídete y ve por ello. ¿Qué puedes perder?

Ya sé lo que te estás preguntando en este momento. El famoso y limitante *"¿cómo?"*, como voy a conseguir un Mercedes nuevo en 6 meses si muy apenas puedo permitirme mantener el Volvo de hace 10 años.

Tener un objetivo te permite concentrar tus energías en idear formas de conseguirlo. Cuando alguien toma una decisión y empieza a centrarse en conseguir un objetivo concreto — y mejor aún, en un periodo de tiempo determinado, la poderosa mente subconsciente se pone a trabajar y empieza a desarrollar estrategias de diversas maneras, para conseguir que el objetivo se complete con éxito.

Cuando te fijas un objetivo, tanto tu consciente como tu

subconsciente empiezan a trabajar en él y a desarrollar un plan de acción. Verás que empiezas a hacerte preguntas sobre lo que hay que hacer para poder alcanzar tu objetivo.

Es posible que se te ocurran ideas y soluciones a los problemas u obstáculos que se han interpuesto en el camino de tu objetivo.

Nuestro subconsciente es una herramienta extremadamente poderosa. Cuanto más a menudo te recuerdes a ti mismo tu objetivo, más trabajará tu mente para que lo consigas. Por muy extraño que te parezca, algunas personas descubren que las respuestas les llegan cuando están durmiendo y soñando.

¿Te has dado cuenta de que no existe ninguna correlación entre ser rico, y tener un alto coeficiente intelectual o un título universitario? Si la hubiera, todos los médicos y licenciados universitarios serían ricos, y como muestran las estadísticas, la mayoría de ellos acaban en la misma situación que el 95% de la población.

Lo principal que tienen en común la mayoría de las personas ricas de forma independiente, es que se han establecido objetivos y los han alcanzado. Saben que trabajar más y más horas no es la manera de conseguir la libertad financiera, sino que tienen que utilizar el tiempo y los recursos que tienen de forma inteligente y hacerlos crecer.

Cuando empieces a trabajar en tus objetivos, tienes que hacerlos lo más específicos posible. Una idea vaga o una generalización como quiero comprar propiedades de inversión y hacerme rico no es suficiente. Hay que ser mucho más detallado.

"Quiero tener mi primera propiedad de inversión en seis

meses. Ahorraré para los gastos legales y bancarios, y pediré un préstamo por el 100% del valor de la propiedad. Encontraré una casa de tres dormitorios con revestimiento de ladrillo a muy buen precio, y que esté cerca de colegios y centros comerciales. Será nueva o tendrá menos de diez años. Será estructuralmente sólida y requerirá un mantenimiento mínimo. Encontraré un buen agente que la gestione, que tenga mucha experiencia y me encuentre un buen inquilino."

Este es un objetivo específico, al que podrías añadir muchos más. Como tu objetivo es específico, tu mente empieza a plantearse inmediatamente preguntas como ¿Cuánto dinero necesitaré para las tasas y los gastos? ¿A cuánto asciende si lo desgloso por semanas? ¿Tendré que mirar mis gastos actuales para ver dónde puedo recortar para compensar la diferencia de la cantidad que necesito ahorrar?

Los objetivos específicos te ayudan a crear planes de acción específicos y realistas y, como dice el viejo refrán, si no planificas, planeas el fracaso.

Pronto descubrirás que, si escribes tus objetivos en un papel y lo pones en un lugar destacado, de modo que los leas a menudo, tu subconsciente y tu mente consciente empezarán a hacerse preguntas y a dar respuestas, y descubrirás que ya has empezado a dar los pasos necesarios para alcanzar tu objetivo.

Es útil tener una serie de objetivos, que van desde el diario, el semanal, el mensual, el anual, el decenal y el de treinta a cuarenta años. Siempre puedes perfeccionar y cambiar tus objetivos a medida que pase el tiempo y cambien las situaciones.

Puede que te resulte más fácil empezar por los 40 años y luego ir hacia atrás. Intenta calcular qué pasos serían necesarios para alcanzar tu objetivo de 40 años, y distribúyelos a lo largo de los distintos periodos de tiempo, hasta llegar al resultado final.

Intenta que tus objetivos sean realistas y alcanzables. No establezcas un objetivo demasiado difícil — a menos que tengas una fe inquebrantable en ti mismo, de que puedes lograrlo, en este caso no te limites.

Fija muchos objetivos pequeños y fácilmente alcanzables, y trabaja paso a paso para conseguir tu camino hacia el éxito. Sé positivo. Cree en ti mismo y en tu capacidad para triunfar, aunque otras personas te traten de desanimar o te digan que no tiene sentido.

Otro beneficio de establecer y alcanzar objetivos es que te ayuda a crear un carácter más fuerte.

Entonces, ¿Cuáles son tus objetivos para los próximos 30 días?

Tal vez comenzar tu propio negocio. Ser propietario de una pequeña empresa significa a menudo llevar varios papeles. ¿Cuántos de ustedes actúan como director general, gerente, contable, vendedor, técnico informático, secretario, recepcionista, etc.? ¿Les resulta familiar?

Muchos empresarios intentan perseguir demasiados objetivos a la vez y acaban abrumados en lugar de centrarse en su negocio. Gastan toda su energía en llevar a cabo las tareas diarias, dejando poco tiempo para la parte más importante de su negocio: ¡crear más negocios!

Para evitarlo, dedica algo de tiempo a centrarte en tu negocio y decide qué estrategias te serán más útiles. Para crecer y tener éxito en tu negocio, primero tienes que tener una idea muy clara de lo que quieres hacer y hacia dónde quieres ir. En otras palabras, ¿has definido tus objetivos? Y lo que es más importante, ¿los has puesto por escrito?

Hace unos meses este concepto era nuevo para mí. En la cultura latina no estamos acostumbrados a hacerlo, por eso me llevó un tiempo decidirme a intentarlo. Pensaba que siempre había conseguido lo que quería sin necesidad de escribir mis objetivos. Pero como tanta gente ya estaba aplicando este concepto a su negocio, decidí hacer a un lado mis dudas y darle una oportunidad también.

Y, ¡vaya! Desde que aplico este concepto, ¡todo va mucho más rápido!
Escribir mis objetivos semanalmente y ser muy específico en cada área de mi negocio, me ha dado la oportunidad de crear alianzas estratégicas con otros empresarios, triplicar mi base de datos, duplicar mis ingresos el año pasado y escribir varios libros. Ahora también estoy trabajando en un gran número de nuevos proyectos, con personas que nunca hubiera esperado conocer o trabajar hace un par de años.

¡Ahora mis grandes sueños son una realidad! No sé si te das cuenta, pero tienes todas las herramientas para triunfar, la pregunta es ¿cuándo vas a empezar a utilizarlas a tu favor?

5.2 Planificación y programación de actividades

Si eres como yo, a menudo has deseado que hubiera 48 horas en un día en lugar de sólo 24. Parece que nunca hay tiempo suficiente para hacer todo lo que uno quiere. Dado que sólo tenemos unas 16 horas al día, sin contar el tiempo de sueño, es importante cómo utilizamos el tiempo que tenemos.

En promedio, la gente pierde unas 2 horas al día. Esto se debe principalmente a una mala planificación. Si una persona no está organizada, pierde tiempo tratando de encontrar cosas, pierde citas, sólo hace una cosa a la vez cuando podría estar haciendo dos.

Una buena gestión del tiempo es uno de los principales pilares del éxito. A menudo, no se trata de cuánto tiempo pasamos trabajando, sino de la eficiencia con la que lo hacemos. La clave del éxito en la gestión del tiempo es la planificación cuidadosa y el establecimiento de prioridades. Saber cuándo hay que hacer las cosas.

Establecer prioridades te permite hacer las cosas más importantes. No pierdas de vista el panorama general. No dejes que las cosas de baja prioridad eliminen de tu agenda las tareas de mayor prioridad. Si sólo tienes unas cuantas horas disponibles, es imprescindible que las dediques a las cosas que te aportan más beneficios.

El tiempo es muy valioso. Si quieres tener éxito en la vida, tienes que pasar más tiempo siendo productivo y haciendo cosas que te hagan avanzar. Pasar horas al día viendo la televisión, jugando en el ordenador o navegando por Internet, no es un uso productivo del tiempo. Todos necesitamos tiempo de inactividad, pero hay que determinar cuánto es realmente necesario. Si utilizas tu tiempo productivo de forma eficiente, tendrás más tiempo para relajarte y hacer cosas divertidas.

En los negocios, hay una presión abrumadora de actividades multitarea. No sólo hay un número abrumador, sino una gran variedad de actividades a las que uno se enfrenta. Lo primero que hay que recordar es que hay que ser extremadamente metódico en el manejo de estos trabajos o actividades.

El planificador oficial que hay sobre la mesa debe ser la guía principal para el día en cuestión. Mientras que el día anterior debe dedicarse a especificar las actividades y el tiempo probable para ello, en el día en cuestión uno debe empezar a seguir estas actividades de forma planificada, en la medida de lo posible.

Si es posible, hay que priorizar las actividades, lo que significa que las más importantes se atienden y se eliminan pronto, dejando algo de espacio para el pensamiento relajado, que suele estar en el fondo de los pensamientos creativos.

También se pueden reservar las tareas menos importantes, para el momento del día en que se está más bajo en términos de productividad. En la fase de planificación, algunos prefieren sobre planificar deliberadamente las actividades con la expectativa de conseguir más, una técnica que a veces funciona.

En la era de la comunicación rápida, no se puede restar importancia a la gestión metódica de los correos electrónicos, las llamadas telefónicas y demás; concentrándose menos en los intercambios inefectivos de comunicación y más en lo correcto, tanto en la comunicación escrita como en la verbal. De nada sirve tener una reunión diaria con tu equipo de trabajo, sino se establecen objetivos y tiempos de entrega esperados.

También hay que ser lo más experto posible en tecnología, ya que, la comunicación y la ejecución están siendo asumidas cada vez más por los aparatos de alta tecnología, a medida que avanzamos más y más. Eso significa una ejecución más rápida de los trabajos que se realizan, mejor conocida como automatización de procesos, y más tiempo disponible para una utilización más productiva del mismo.

Ahora es el momento de entrar en las formas prácticas de aumentar tu productividad en el día a día. Si pones en práctica lo que vamos a comentar a continuación, recorrerás un largo camino para hacer más cosas en menos tiempo, y ser más productivo de forma constante.

Las listas de tareas son probablemente una de las primeras cosas en las que piensas cuando abordas el tema de la productividad. Son algo que millones de personas utilizan cada día para saber exactamente lo que tienen que hacer, sin embargo, aparte de escribir una lista en un papel, hay algunas cosas que puedes hacer para mejorar su eficacia.

Haz tu lista al final de cada día: Lo primero a decir es que deberías considerar hacer tus listas de tareas al final de cada día, en lugar del principio. La mayoría de la gente carga su ordenador por la mañana, comprueba sus correos electrónicos, revisa las redes sociales y luego piensa en lo que realmente tiene que hacer durante el día siguiente y escribe su lista.

Esto suele ser una mala idea porque, por lo general, habrás desperdiciado varias horas de la mañana antes de haber hecho tu lista de tareas y haber empezado con la primera. En cambio, si haces tu lista de tareas al final de cada día de trabajo, encenderás el ordenador a la mañana siguiente y podrás ponerte a trabajar directamente en la primera tarea.

Priorizar cada tarea: Otra cosa que puedes hacer es poner un número junto a cada elemento de tu lista de tareas pendientes según su prioridad. Por ejemplo, si tienes cinco elementos principales en tu lista de tareas, enuméralos del 1 al 5, siendo el 1 la tarea más prioritaria y el 5 la menos prioritaria. De nuevo, esto no tiene ninguna ciencia, pero te sorprendería la cantidad de gente que no lo hace.

No pongas demasiadas tareas en tu lista: Tener una lista de tareas que incluya 30 puntos es una manera de prepararse para el fracaso. Es abrumador, y probablemente no seas capaz de completar todas las tareas en un solo día. Si te cuesta reducir el tamaño de tus listas de tareas pendientes, considera la posibilidad de eliminar todas las tareas comunes de la lista; por ejemplo, "revisar el correo electrónico" es algo que probablemente harás de todos modos y puede que no sea necesario incluirlo en la lista.

Haz que cada tarea sea específica: Algo como "actualizar el estado de mi página de fans en Facebook" no ayuda a nadie. En lugar de eso, debes hacer que cada tarea sea muy específica: "Actualizar el estado de mi página de fans en Facebook para agradecer a la gente su asistencia al seminario de anoche, y enlazar con la entrada del blog de mi sitio web que habla del evento de la noche".

Haz que cada tarea sea alcanzable: Es importante que cada tarea de tu lista diaria sea realmente alcanzable al día siguiente, y puedes hacerlo dividiendo las tareas más grandes en partes o mini-tareas. Si estuvieras escribiendo un libro, por ejemplo, sería una tontería tener una tarea de la lista de tareas llamada "escribir mi libro". Una idea mucho mejor sería tenerla como "escribir 10 páginas de mi libro" o "terminar el capítulo 4".

Haz primero tu tarea más temida. Esta es una de las más importantes y puede hacer que seas productivo durante todo el día. La mayoría de nosotros descubrimos que hay una tarea concreta en un día determinado que no nos apetece mucho, por lo que, si la quitamos primero de en medio, liberaremos nuestra mente para hacer las demás tareas más tarde, con la seguridad de que la más temida ya está hecha.

De nuevo, este es un consejo muy simple pero extremadamente poderoso. Todos tenemos tareas que nos dan pavor y que posponemos todo lo que podemos, pero ¿puedes descansar cuando aún NO está hecha? No, no dejas de pensar en ella y, por lo general, lo tienes en mente. Nueve de cada diez veces te das cuenta que cuando por fin te pones a hacerla, no era tan mala como esperabas.

Haz pausas regulares. Independientemente de cómo organices tus días de trabajo, es importante que te concedas descansos regulares de las tareas. Intentar concentrarse durante horas sin descanso no es práctico ni bueno para tus niveles de productividad. Muchas personas recomiendan trabajar en pequeñas dosis, por ejemplo, 60 minutos seguidos de una pausa de 10 minutos.

Además, hacer una pausa significa alejarse del ordenador y no limitarse a visitar Youtube durante diez minutos. Alejarse de la estación de trabajo da un descanso a los ojos y ayuda a alejar los pensamientos del trabajo durante un rato.

Y, por último, fíjate plazos claros y realistas. Para evitar posponer continuamente las tareas, debes fijarte siempre un plazo claro para terminar una cosa determinada. De nuevo, el plazo debe ser realista: por ejemplo, no vas a escribir 20 páginas en la próxima media hora. Recuerda que uno de los objetivos de organizar tus tareas es darte un camino claro hacia tus objetivos, no sobrecargarse de más estrés con tareas imposibles de cumplir.

5.3 Mantener la motivación constante

Probablemente si naciste antes de los 90's esto te pueda sonar extraño, pero trabajar mucho y no divertirse es un grave problema que te hará abandonar tus objetivos rápidamente. Recuerda que NO tienes que trabajar TODO el tiempo, pero sí tienes que completar lo que hay que hacer.

Recuerda que no eres Superman. Es fácil sobrecargarte de trabajo. A veces eres el director, el vendedor, el administrador, el contable y el técnico, todo en uno, pero nunca olvides que no eres Superman.

No puedes hacerlo todo tú mismo todo el tiempo, y aunque está bien trabajar muchas horas algunas veces para poner las cosas al día y mantener a los clientes o a tus jefes contentos, no deberías hacerlo de forma constante. Todas y cada una de las tareas que te propongas deben ser manejables y realizables.

Ponerse como objetivo escribir 100 páginas al día, por ejemplo, no es realista y nunca lo conseguirás. Es importante dividir las tareas en trozos manejables para mantener la motivación a lo largo del tiempo.

Si te pones regularmente objetivos totalmente irreales, empezarás a deprimirte innecesariamente cuando no alcances tus objetivos.

Es muy común no sentirte motivado todo el tiempo para hacer tus tareas. Quizá te ayude darte cuenta de que para muchas personas la motivación no es un requisito previo a la acción... ¡es un resultado de la misma!

Intenta trabajar durante un breve periodo de tiempo y comprueba si puedes "ponerte manos a la obra". Si tu problema de motivación parece más importante, podría ayudarte a darte cuenta de que cuando no estás motivado para hacer las tareas, en realidad no estás desmotivado... sólo estás motivado para hacer otra cosa. Date un merecido descanso y vuelve más tarde con la mente más despejada.

Prueba haciendo dos listas de actividades: "Cosas que me gustaría hacer" y "Cosas que tengo que hacer". Mezcla las actividades de ambas listas y trabaja en cada una de ellas durante un breve periodo de tiempo. Alternar entre la diversión y el trabajo ayuda a mantener la motivación y el interés.

La gestión adecuada de tu tiempo requiere algún tipo de motivación. ¿Cómo esperas alcanzar tus objetivos si piensas constantemente en pensamientos negativos? Pensar en palabras positivas con respecto a la gestión del tiempo tiene mucho que ver con tu éxito. Por lo tanto, asegúrate de pensar en estas afirmaciones positivas

El uso de afirmaciones positivas es un factor importante cuando se trata de la gestión del tiempo. Cuando llenas tu mente con pensamientos negativos diciendo que eres incapaz de lograr tus objetivos, lo que estás pensando es lo mismo que el resultado que puedes esperar.

¿Alguna vez te has topado con una persona llena de energía que parece haber venido de otro planeta porque tiene todo bajo control? Estas personas son las que nunca faltan a una cita, nunca corren en un proyecto y simplemente vienen con un día tranquilamente a la vez. Si esto parece demasiado bueno para ser verdad, date cuenta de que no lo es. La diferencia entre tu y esos individuos naturalmente eficaces en el tiempo está completamente dentro de tu mente.

A través del dominio de afirmaciones positivas, tú también puedes convertirte en una de esas personas y obtener habilidades naturales como la confianza y seguridad en ti mismo. Algunos de los pensamientos positivos que deseas repetir una y otra vez en tu mente pueden incluir:

- Poseo excelentes habilidades para gestionar mi tiempo.
- Siempre tengo tiempo suficiente.
- Siempre soy consciente de lo que debo hacer.
- Completo mis proyectos fácil y rápido.
- Siempre logro todo lo que me propongo.
- Cada día me acerco más a mi sueño.
- Tengo el control de mi vida y de mis finanzas.

Pensar en estas afirmaciones debería ser útil. Sin embargo, es necesario que se complementen con el mejor curso de acción.

Uno de los mayores obstáculos para el hombre es la falta de poder a la hora de gestionar el tiempo. Muchas veces nos quejamos de que no tenemos suficiente tiempo para completar y realizar las tareas más importantes. Si analizamos el asunto en profundidad, nos daremos cuenta de que no es tan difícil gestionar el tiempo. Todas las excusas que nos damos a nosotros mismos y a los demás para no poder gestionar el tiempo, son en realidad poco convincentes porque hay muchos programas, aplicaciones, estrategias y técnicas disponibles para hacerlo.

¿Qué es lo que necesitamos para poder gestionar el tiempo? Simplemente, motivación, voluntad y perseverancia. Debemos meternos en la cabeza que no podemos hacer tantas cosas a la vez.

Mucha gente hoy en día trata de hacer todo a la vez, con la esperanza de obtener más recompensas al mismo tiempo, pero no entienden que, al hacerlo, se están sometiendo a un tremendo estrés que es una gran pérdida a largo plazo. No tenemos que demostrar a nadie que somos superhéroes, sino que debemos hacer sólo el trabajo que sea posible y no ir más allá.

Cuando hacemos cualquier plan y lo llevamos a cabo, debemos tener la suficiente motivación y perseverancia para asegurarnos de que lo cumplimos y lo llevamos a cabo según lo previsto. La planificación es imprescindible para cada trabajo que hagamos.

No debemos acumular el trabajo para luego estresarnos. Tenemos que darnos cuenta del valor del tiempo, ya que, somos mortales y estamos aquí sólo por un período de tiempo limitado. Debemos aprovechar el tiempo al máximo sin estropear nuestra salud de ninguna manera.

5.4 Actuar y no procrastinar

¿Eres como muchas personas que posponen lo que saben que deben hacer en su vida diaria? Todos retrasamos la realización de algunas tareas, pero si te encuentras con más y más proyectos sin hacer, quizá seas víctima de la "procrastinación".

Esto llega a ser una situación realmente desmoralizante. Si aceptas los retos que te proporciona la vida, es más probable que vivas muchos años más que aquellos que se pasan la vida estresados por "hacer las cosas" y nunca hacen los movimientos necesarios para lograr lo que hay que hacer.

Si no te sientes desafiado en tu vida diaria por tu trabajo o tu situación de vida, entonces tal vez es sólo el miedo lo que te retiene. El miedo se apodera de ti para que no seas capaz de realizar lo que deseas y entonces lo pospones, poniendo excusas para no realizar tus proyectos. Con el tiempo, esto puede convertirse en un hábito que afecta en todas las facetas de tu vida.

Si quieres vencer de una vez por todas a la procrastinación, toma estas medidas inmediatamente:

1. Organízate - Empieza con algo pequeño para lograr tu objetivo más grande. Hazlo de forma sencilla, un día a la vez. Haz una tabla de proyectos para tus trabajos más grandes y pon los proyectos más pequeños en tu tabla diaria. Organiza tu día con una "lista de cosas por hacer" y anota los elementos lo más rápido posible y no te preocupes por el orden hasta que se llene la página. Luego, vuelve a clasificar lo que es más importante. De esta manera, puedes dejar que los otros elementos queden por debajo de lo más importante y puedas llegar a ellos más tarde. Lo que no se hace un día puede añadirse a la lista del día siguiente. Sé que puede ser un hábito difícil de adquirir, pero una vez que lo hagas durante una o dos semanas, descubrirás que será difícil ir a dormir sin tu lista hecha para el día siguiente.

2. Si un proyecto te parece abrumador, divide tu proyecto principal en pequeños trozos. Está demostrado que la mente procesa mejor en pequeños trozos, así que, todo es cuestión de hacer pequeños trozos de acciones asociadas y seguir avanzando hacia el objetivo final.

3. Actúa ya - Si te encuentras poniendo excusas y posponiendo las cosas, entonces sabes que te estás dejando llevar por el camino de la procrastinación. No te permitas poner excusas. Empieza por la tarea más fácil y continúa a partir de ahí. Tendrás una mayor sensación de logro cuando des pequeños pasos hacia el proyecto mayor que si no haces nada en absoluto.

4. Ayuda externa - Consigue ayuda externa si lo consideras necesario para terminar un proyecto. No hay nada malo en

pedir ayuda, tanto si tienes que contratar ayuda externa como si animas a los miembros de tu familia a que te ayuden en algunos proyectos. La idea es hacer una hoja de objetivos con sus respectivos responsables, y elegir una fecha de inicio para que todos sepan cómo programar su tiempo para participar.

5. Recompénsate - Por último, recompénsate a ti mismo y a tu equipo cuando termines un proyecto. Conseguir terminar un trabajo ha supuesto un gran esfuerzo, y tienes que ser bueno contigo mismo por haber luchado contra el demonio de la procrastinación. Hay una sensación maravillosa que nos invade cuando sabemos que hemos hecho un buen trabajo, y podemos ver los frutos de nuestra labor. Hay que saber establecer objetivos, superar nuestro deseo humano de aplazar las cosas y, por último, sentir la sensación de logro y recompensa con la finalización de un proyecto.

No pospongas las cosas que quieres en la vida porque las dejas para más tarde. Date la satisfacción de lograr las cosas que necesitas y de hacerlas dentro del período que tienes como meta.

Recuerda que siempre estás recorriendo un camino, te guste o no. Es ahora o nunca - ¡Levántate y SÓLO EMPIEZA! ¡HAZLO!

5.5 Delegar responsabilidades

"¿Delegar?"
"Es más fácil si lo hago yo mismo".
"Nadie puede hacerlo tan bien como yo".
"No tengo tiempo para enseñar a alguien".

¿Te suena alguna de estas frases? Cada día la gente añade más tareas a sus listas. Luego se dan cuenta que el día (o la semana, mes, o año) se les ha ido de las manos y no lo han conseguido todo.

¿Los resultados?

1. Sentirse abrumado o fuera de control.
2. Acumulación de estrés y ansiedad.
3. Procrastinación por tener demasiadas cosas que hacer.
4. Falta de avance o promoción.

Delegar es una de las opciones de acción en las que más quiero hacer hincapié porque, en el ajetreo de las actividades cotidianas, es una herramienta que a menudo se pasa por alto.

Últimamente han aparecido muchos artículos en las noticias sobre los sueldos exorbitantes de algunos directores generales. ¿Por qué algunos de estos directores generales ganan entre diez y cincuenta veces más que el empleado promedio de una empresa? ¿Es porque pasan de diez a cincuenta veces más horas en su trabajo que ese empleado promedio? Por supuesto que no. Todos emplean las mismas 24 horas del día.

¿Qué es lo que hacen diferente? Para empezar, si uno mira sus listas de tareas, no los vería involucrados en los detalles minuciosos de sus operaciones comerciales. Su trabajo consiste en ver el panorama general, averiguar cómo se puede hacer, y luego delegar esos pasos. Tienen que apoyarse en otros que han sido formados en áreas específicas de la operación.

Lo sé, no todo el mundo se encuentra en circunstancias que le permitan múltiples asistentes. Sin embargo, hay formas de aprender a dejar de lado algunas cosas. Considera los recursos que puedes tener a mano:

1. Asistente de oficina. Muchas veces sólo se les asignan las tareas más repetitivas, y el resultado es que no se sienten desafiados. Dales la oportunidad de crecer en experiencia.

2. Cónyuge/hijos. Deja que todos compartan las tareas del hogar. Enseña responsabilidad y producirá más tiempo juntos. Los autónomos también pueden contratar a sus hijos para que les ayuden en las tareas rutinarias de la oficina.

3. Subcontratación: si no se dispone de personal interno, se puede contratar a expertos, como contables, asistentes virtuales o diseñadores de páginas web, para que ayuden. Para la asistencia administrativa, también puedes contratar estudiantes para prácticas en los institutos o colegios de la zona.

Al igual que hacen los grandes directores generales, mira el panorama general de tu negocio y de tu vida personal. Prepárate para explorar más opciones. ¿Cuáles son tus objetivos? ¿Cuáles son las tareas importantes que te ayudarán a alcanzar esos objetivos? Al decidir si puedes delegar una tarea o un proyecto, pregúntate:

- *¿Por qué estoy haciendo esto?*
- *¿Hay alguien más capaz para ayudar?*
- *¿Hay alguien a quien yo pudiera formar para que lo haga?*

Una vez que hayas identificado las tareas y proyectos que podrían ser reasignados, utiliza estas pautas:

1. Sé explícito sobre qué es lo que quieres que se haga.
2. Comprueba que lo han entendido.
3. Fija una fecha de finalización y obtén un acuerdo.
4. Dale a la persona la autoridad que conlleva la responsabilidad.

5. Identifica los beneficios para la persona que realiza la tarea.
6. Mantente disponible para responder a las preguntas o dudas que pueda tener la persona en cuestión.

Cuando le dedicas tiempo a organizarte, ese tiempo se recupera en pocos días, y entonces se trabaja con ventaja, utilizando técnicas eficaces de gestión del tiempo. Delegar es un aspecto de la organización. Puede llevar un poco de tiempo entrenar a alguien para que haga una actividad de la manera que tu quieres que se realice, pero luego ya no tendrás que preocuparte por ese trabajo en las semanas y meses siguientes; definitivamente merece la pena dedicar un poco de tiempo a la formación y a la delegación.

Recuerda que el día tiene un número limitado de horas y, por muy bueno que creas que eres, es imposible hacerlo todo tú mismo, y no sólo es imposible, sino que además no es una buena idea. Te sugiero ampliamente considerar la posibilidad de externalizar las tareas de tu negocio que no crees que sean un buen uso de tu tiempo.

Imaginemos que pasas 3 horas al día organizando tu agenda y reservando citas con clientes. Un buen asistente personal podría hacer esto por ti y liberar tu tiempo para concentrarte en las cosas realmente importantes. Revisa cada una de las tareas que realizas y pregúntate si es realmente necesario que las hagas tú mismo, o si se puede subcontratar a otra persona de forma económica.

Si subcontratas ciertas cosas de tu negocio, podrás liberar tu tiempo como no te imaginas y, por una vez, podrás centrarte en las cosas importantes que harán crecer tu negocio. Además, nadie es bueno en todo, y si no eres muy bueno en algo (y/o odias hacerlo), lo más probable es que:

a.) te lleve más tiempo hacerlo
b.) probablemente no hagas un buen trabajo.

Hay mucha gente que puede hacer un trabajo mejor que el tuyo, simplemente porque en eso consiste su habilidad. Si aún tienes dudas si es el momento o no para subcontratar a alguien y delegar responsabilidades, considera los siguientes puntos:

1) Lleva un registro de trabajo durante al menos una semana

Anota todas tus actividades de trabajo y el tiempo que dedicas a ellas. Entiendo que al principio esto puede llevar mucho tiempo, pero es esencial que te hagas una idea real de como haces buen o mal uso de él.

2) Analiza tus actividades

Separa las actividades en las de alta prioridad -las que producen un mayor rendimiento, o en las que sólo tú tienes la capacidad de hacer el trabajo- y las de baja prioridad -las que pueden hacer otros y que se puede delegar la actividad en el personal de apoyo. Es muy probable que descubras que estás dedicando la mayor parte de tu tiempo a actividades de baja prioridad, en lugar de actividades que proporcionan directamente un rendimiento o algún beneficio. En casi todas las empresas, estas actividades no productivas tienden a absorber el tiempo a un ritmo mucho mayor del que deberían.

3) Delega las actividades no productivas

Una vez que hayas identificado las actividades de baja prioridad, delega tantas como sea posible en el personal de apoyo, impartiendo formación cuando sea necesario. El coste se verá compensado con creces por la mejora de la productividad. Puede que haya una serie de actividades de baja prioridad que te sientas tentado a mantener. Pero a menos que sea absolutamente inevitable, no caigas en la tentación y no te involucres en actividades no productivas o tu productividad disminuirá.

4) Calcula el tiempo necesario para las actividades restantes de baja prioridad

Una vez que hayas delegado todo lo que puedas, el siguiente paso es calcular el tiempo que deberías dedicar a las actividades restantes de baja prioridad, para aprovechar al máximo tu tiempo productivo. No trabajes de forma desproporcionada en estas actividades de baja prioridad, y reserva un tiempo específico cada día o semana para completarlas.

5) Prioriza las actividades restantes

Una vez que hayas eliminado las actividades que no te aportan ningún beneficio, es el momento de centrar tu atención en las actividades de tu vida que te aportan la mayor recompensa. Prioriza tus actividades y concentra la mayor parte de tu tiempo en unas pocas actividades de alta prioridad.

El objetivo de delegar responsabilidades en todo momento, es maximizar los resultados de las áreas de alto retorno de inversión, y delegar las actividades que tienen un bajo rendimiento o retorno.

Tener que dedicar una cantidad desproporcionada de tiempo a actividades no productivas, es una fuente importante de estrés para muchos empresarios; por lo tanto, delegar estas actividades tendrá la ventaja añadida de reducir el estrés que padeces. Se trata de hacer menos trabajo para obtener un mayor rendimiento, lo cual se verá reflejado en tu cuenta de banco.

Para tener más éxito en la vida, ya sea más dinero, más tiempo con la familia o simplemente tener tiempo para jugar al golf, debes empezar a delegar responsabilidades inmediatamente. Sin duda te servirá en gran medida tanto en tu carrera como en tu vida personal.

5.6 Evaluar y aplicar mejora continua

Muchas personas no dedican el tiempo necesario para maximizar sus resultados, evaluando y aplicando la mejora continua en sus actividades diarias. Como ya hemos dicho, trabajar duro y pasar la noche en vela no es la solución para alcanzar tus objetivos. Este tipo de sesiones aumentan los niveles de estrés y nunca conducen al mejor rendimiento.

Utilizar la mejora continua puede ser la solución ideal para dejar mayor margen para el tiempo de relajamiento con tus seres queridos, o haciendo las actividades que más disfrutas. Aquí hay algunos consejos a tener en cuenta:

1. Identifica tu "mejor momento" para trabajar: Todo el mundo tiene periodos altos y bajos de atención y concentración. ¿Eres una "persona matutina" o una "persona nocturna"? Utiliza esos momentos para sacar tu máximo potencial; y aprovecha al doble los tiempos muertos para rutinas como lavar la ropa o hacer labores domésticas.

2. Realiza primero las asignaturas difíciles: Cuando estás fresco, puedes procesar la información más rápidamente y ahorrar tiempo como resultado.

3. Distribuye tus tareas inteligentemente: Trabaja en bloques de tiempo más cortos con breves descansos entre ellos. Esto evita que te fatigues y "pierdas el tiempo". Este tipo de gestión o administración del tiempo es eficiente porque mientras te tomas un descanso, el cerebro sigue procesando la información.

4. Asegúrate de que tu entorno es propicio para trabajar: Esto te permitirá reducir las distracciones que pueden "hacer perder el tiempo". Si hay momentos en tu casa u oficina en los que sabes que habrá ruido y alboroto, aprovecha ese tiempo para realizar tareas ordinarias o repetitivas.

5. Deja espacio para el entretenimiento y la relajación: La vida es algo más que trabajar. Necesitas tener una vida social, así que busca siempre tener un equilibrio en tu vida.

6. Asegúrate de tener tiempo para dormir y comer bien: El sueño es a menudo una actividad (o la falta de actividad) que las personas utilizan como su "banco de gestión del tiempo". Cuando necesitan unas horas extra para trabajar o socializar, retiran algunas horas de sueño. Esto hace que el tiempo de trabajo sea menos eficaz, ya que, necesitarán un par de horas del reloj para conseguir una hora de tiempo productivo. Esta no es una buena manera de gestionarse en relación con el tiempo.

7. No olvides priorizar tus tareas. Haz una lista de todas tus tareas, luego clasifícalas según su importancia y vuelve a hacer una lista en orden. A continuación, puedes programarlas.

8. Establecer alarmas. Las personas que suelen llegar tarde a las reuniones o descuidan otras citas, descubren que establecer una alarma en el teléfono, el ordenador o el reloj, funciona

bastante bien como recordatorio. Al menos se puede programar la alarma con unos diez minutos de antelación con respecto al horario real de la cita, de modo que se pueda recoger la información necesaria y ir caminando a la sala de la reunión, o encendiendo el ordenador en caso de una reunión virtual.

9. Romper con los proyectos grandes. Mucha gente se retrasa a la hora de empezar proyectos grandes, ya que, parece que es demasiado difícil de terminar o demasiado complicado. Para simplificar aún más el comienzo de un proyecto importante, puedes dividirlo en una serie de sub-tareas. Algunos profesionales se refieren al sencillo proceso de gestión de proyectos conocido como el "método del queso suizo", ya que consiste en ir haciendo agujeros dentro de un queso más grande (el proyecto) hasta que todos desaparezcan por completo (las tareas realizadas).

10. Haz las cosas lo más fácil posible. Esto significa agilizar los procedimientos y hacer que las cosas funcionen más fácilmente. Por ejemplo, si aceptas tarjetas de crédito en tu negocio, comunícaselo a todos tus clientes en lugar de tener que lidiar con cheques o dinero en efectivo que tienen que ser llevados al banco, cobrados y/o depositados.

Si hay pasos de un procedimiento que pueden eliminarse, hazlo y ve cómo aumenta tu productividad. Cuanto más simplifique, más sencillo será el funcionamiento de tu empresa. Las cosas y los procedimientos funcionan mejor con menos pasos, y disminuyen las posibilidades de cometer errores; la simplificación es una excelente herramienta para encontrar más tiempo.

11. Utiliza el apalancamiento. El concepto de apalancamiento se refiere a obtener y utilizar múltiples recursos de cosas, a

partir de materiales que ya has creado. Aunque puede requerir una cantidad particular de habilidad y creatividad para hacer esto bien, a largo plazo puede dar el doble de valor.

Cuando adquieres el hábito del apalancamiento, puedes multiplicar significativamente los beneficios de una inversión única de tu trabajo. Al producir nuevos materiales para tu negocio, pregúntate continuamente: "¿Cómo puedo volver a utilizar esto?".

5.7 Evaluación de actividades.

Cuando todas las tareas y proyectos estén clasificados, utiliza estos filtros adicionales para evaluar cada una:

- *Imagina las consecuencias de eliminar la tarea. Este ejercicio suele eliminar por completo algunas tareas innecesarias.*
- *Decide si cada tarea debe realizarse en horario de máxima prioridad o en horario secundario.*
- *Determina a quién afectará la tarea.*

Ahora puedes reducir tu lista. Hasta que podamos clonarnos eficazmente para estar en más de un lugar a la vez, la mayoría de nosotros necesitamos reducir nuestra carga de trabajo.
Antes de empezar a priorizar, considera estos criterios de eliminación de tareas:

- *¿Tiene sentido esta tarea o proyecto?*

Cada tarea que realices debe pasar primero por este criterio.
Tienes metas, prioridades y objetivos. ¿Contribuye cada tarea a tu panorama general? Calcula el tiempo que te llevará cada tarea, y luego imagina qué harías con ese tiempo si la tarea se cancelara. Aunque no siempre es posible, todo lo que hagas

debe contribuir a tus objetivos.

- *¿Por qué es urgente la tarea?*

Aunque la urgencia debe ser una mentalidad empresarial, también hay que cuestionar la urgencia de forma implacable.

- *¿La urgencia sólo sirve para satisfacer o calmar a alguien?*

¿Qué ha provocado la urgencia? Muchas situaciones de urgencia han sido causadas por errores. Determinar la causa de la urgencia puede eliminar o posponer una tarea y conducir a medidas de prevención de interrupciones y errores.

Algunas tareas de apariencia imperativas no son urgentes en absoluto. Es posible que los clientes planteen exigencias innecesarias.

- *¿Eres tú la única persona que puede encargarse de la tarea?*

A veces puede que así sea, pero muchas veces otra persona puede realizarla en tu lugar. Delega todo lo posible para liberar tu agenda.

- *¿De qué otra forma se podría realizar la tarea?*
- *¿Estás utilizando la tecnología para automatizar procesos?*
- *¿Podría una cita en persona ser una llamada telefónica o una reunión virtual?*

Las conferencias o reuniones virtuales pueden descartar los desplazamientos y ahorrar una enorme cantidad de tiempo.

- *¿Podrías enviar un correo electrónico o un mensaje en lugar de llamar?*

El correo electrónico puede hacerse en tus condiciones y

cuando tu quieras. Tendrás tiempo para articular mejor en comparación con la conversación telefónica en directo. Se puede perder tiempo y perder ventas por dejar mensajes telefónicos a la gente. Además, el correo electrónico elimina el estrés y complicaciones de las etiquetas telefónicas.

- *¿Se puede dividir la tarea?*
- *¿Hay partes del trabajo que puedan delegarse, eliminarse o posponerse?*
- *¿Cuál es el costo de excluir una tarea?*

Hay muchas tareas a lo largo del día que en realidad no merecen la pena. Aplicar la cifra en dólares — o en tu moneda nacional — al considerar la cancelación de una tarea es otra medida del valor de la tarea. En ocasiones descubrirás que tu tiempo tiene un valor mayor que la tarea misma.

Las medidas del valor de la tarea

- Dinero ¿Cuánto vale la tarea?
- Tiempo ¿Cuánto tiempo te va a llevar?
- Efecto Completado frente a cancelado
- Eficacia ¿Cuál es la forma más eficaz de realizar la tarea?
- % de Contribución a tus objetivos
- Sustitución (¿Qué podría hacerse con el tiempo en su lugar?)
- División - Dividir la tarea en partes
- ¿Cuándo se puede realizar la tarea igual de bien en un tiempo secundario?

Un gran truco para priorizar, es dar a cada tarea una fecha límite. Mientras que muchos propietarios de negocios definen una hora de inicio para los proyectos y las tareas cuando planifican, no establecen una fecha límite. Tener un plazo claro hace que las tareas sean más fáciles de completar.

Priorizar mientras se planifica es fácil. Se tiene tiempo para pensar. Priorizar mientras se trabaja es un poco más difícil.

Definir los tipos de interrupciones

Mientras que la mayoría de las personas están familiarizadas con la priorización de tareas, pocas personas priorizan sus interrupciones. Por lo tanto, pocas personas han definido los tipos de eventos que les interrumpen.

Para tomar el control de tu tiempo, debes minimizar las interrupciones. Muchas personas describen sus puestos como gestores, y definen la gestión como apagar incendios o resolver problemas. Aunque tener una definición de trabajo para uno mismo es un gran comienzo, la mayoría de las personas no han definido o clasificado estos problemas. Se limitan a captar todas las pelotas que les lanzan. En otras palabras, la cola mueve al perro.

Piensa en cómo te interrumpen de tu trabajo. Haz una lista de todos los tipos de interrupción que has experimentado en los últimos tres meses, y prepara tu agenda para estas emergencias o interrupciones.

5.8 Automatizar procesos repetitivos

¿Te imaginas pasar una hora menos de trabajo cada día? Imagina lo que podrías hacer con una hora extra al día, podrías dedicarla a jugar con tu hijo o a investigar sobre tu próximo proyecto.

Todas las empresas tienen procesos de negocio que pueden ser mejorados. La mayoría de las empresas pueden beneficiarse de la automatización de procesos repetitivos. En términos prácticos, una automatización actúa como una máquina virtual que ejecuta procesos o actividades que antes eran implementados por capital humano, de forma manual.

Uno de los más útiles es el llamado ERP por sus siglas en inglés Enterprise Resource Planning, es un conjunto de aplicaciones que puede abarcar las tareas financieras, de producción, de recursos humanos y de administración de una empresa, así como la planificación.

La gestión de los negocios puede ser muy tediosa y requerir mucho tiempo. Un día normal y posiblemente monótono para muchos se vería así:

- Seguimiento manual de los clientes potenciales para ver qué campañas de publicidad están funcionando.
- Gestionar sus cuentas de redes sociales.
- Publicar manualmente el post del día.
- Enviar correos electrónicos cuidadosamente programados a cada uno de sus clientes potenciales.
- Seguimiento de los clientes a medida que pasan de ser prospectos a clientes.
- Resolver los problemas de cobros pendientes.
- Visitas al banco para realizar pagos y transferencias.
- Visitas a prospectos para ofrecer demostraciones de tu producto.

Ahora, estas son actividades vitales para cualquier negocio. Podrás hacerlo durante un tiempo, pero poco a poco, si eres ambicioso y quieres vender más productos, no aguantarás más. No gestionar tu negocio con eficacia te pasará factura. Perderás dinero. Perderás clientes potenciales. Y lo peor, perderás tu valioso tiempo.

Gracias a los programadores, actualmente hay en el mercado muchos softwares y aplicaciones altamente eficientes y eficaces que pueden quitarte el trabajo repetitivo y monótono de tus manos. Sí. Ahora es posible automatizar prácticamente todos los aspectos de tu negocio en línea de forma rápida y sencilla.

Un buen paquete de automatización como un CRM (Customer Relationship Manager) o software para gestionar tu proceso de ventas de la "A" a la "Z", hará tanto por ti que tendrás el tiempo necesario para expandir tu negocio. Algunas de las características de un buen software CRM son las siguientes:

- Opciones de crédito y pago ampliadas.
- Seguimiento de clientes potenciales.
- Estadísticas avanzadas de correo electrónico.
- Opciones de seguimiento de campañas de marketing.
- Herramientas de gestión de clientes.
- Productos de facturación recurrente.
- Cálculo de Comisiones para tus vendedores.
- Herramientas de pago
- Herramientas de personalización para tus formularios de pedido, páginas de agradecimiento.

¡Imagina un software que haga todo el seguimiento de clientes por ti! Una buena herramienta de automatización incluso hará mucho más que esto. Imagina el dinero que podrías ahorrar con todo el tiempo que podrías ahorrar. Es necesario que des un paso hacia la automatización de la gestión de tu negocio ahora, de lo contrario, pronto terminarás agotado y desmotivado.

Un consejo importante: busca una herramienta de automatización con una prueba gratuita. El propietario de una buena herramienta permitirá una prueba gratuita. Esto te demuestra la confianza que la empresa tiene con la herramienta.

Así que, compañero de negocios, no te quedes atascado en el fango. Da un paso positivo hacia el futuro y libérate de esas tediosas tareas repetitivas. Mejorar y automatizar los procesos empresariales es el camino para ganar una enorme productividad. Estas soluciones de gestión controlan la presentación de tu negocio, manejando una serie de tareas que deben realizarse para alcanzar tus objetivos estratégicos.

Si cuentas con un negocio, recuerda que los procesos empresariales definen tu negocio y también pueden suponer una ventaja competitiva para tu organización. Si consigues que tus procesos sean eficientes, obtendrás mejores relaciones con los clientes y mayores beneficios.

Capítulo 6 Preguntas frecuentes

6.1 ¿Cómo puedo emprender un negocio si tengo un trabajo de tiempo completo?

Reconozcámoslo. Mantener la productividad de forma constante no es fácil, sobre todo si tienes en mente emprender un negocio. Claro, puede que, por ejemplo, estés pensando en este escenario para disfrutar de más libertad y poder vivir según tus reglas.

Eso es absolutamente fantástico, sin embargo, esto conlleva un problema nuevo y añadido... Cuando eres autónomo y/o diriges tu propio negocio, todo depende de ti... Si decides perder un día entero viendo vídeos de YouTube, nadie va a venir a detenerte o a "echarte la bronca".

Conseguir lo que tienes que hacer es totalmente tu responsabilidad, y si quieres tener éxito es importante estar motivado y saber exactamente cómo ser productivo de forma constante, especialmente si aún tienes un trabajo de tiempo completo.

En las próximas páginas te mostraremos cómo ser más productivo, desde la creación de un entorno de trabajo que facilite la productividad, hasta los consejos y trucos cotidianos que puedes utilizar tu mismo. Entremos en materia…

Hacer un esquema de tu proyecto o negocio te ayudará a hacer un uso más beneficioso de tus días y a maximizar la utilización de tu tiempo. Para ver un día más productivo, es genial empezar con un esquema y trabajar a partir de él.

En primer lugar, haz una lista de dónde quieres estar como resultado final de tu proyecto. ¿Cuál es la visión que tienes de tu nuevo emprendimiento? A partir de ahí, trabaja hacia atrás y formula los pasos que necesitarás para llegar.

Trabajando de esta manera, básicamente estarás reduciendo los grandes proyectos a otros más pequeños y manejables para ver los resultados. Intenta trabajar de forma más metódica y cautelosa para evitar cometer errores.

Si quieres diferenciarte de los demás y que se fijen en ti por lo que haces, es casi un principio que debes ser disciplinado y saber sacar el máximo partido a lo que tienes actualmente.

Como novato emprendedor, tu activo más valioso eres tú mismo, y la forma en que te gestiones determinará si estarás en la próxima ola de negocios exitosos o en la próxima ola de negocios que cierran a los 6 meses.

Lo primero es empezar a crear una mentalidad de emprendedor. Aquí tienes algunos de los buenos hábitos de trabajo que te diferenciarán:

Piensa en positivo. En los negocios (y en la vida), siempre habrá personas que sólo ven las dificultades que conlleva cualquier empresa. En cambio, hay personas que sólo ven las posibilidades y el potencial de cualquier empresa.

Si tuvieras que elegir entre las dos, escoge la segunda actitud, pues te aportará mayores resultados. Si bien no debes hacer la vista gorda ante los posibles problemas, de hecho, debes planificar para evitarlos o afrontarlos, tampoco debes mantener una visión pesimista del mundo.

Esto sólo disminuirá tu productividad y posiblemente

difundirá una actitud no deseada entre las personas con las que trabajas.

Planifica tu día con antelación. Cuando uno no es consciente de lo que hay que hacer durante el día, éste tiende a enfocarse en tareas no productivas. Pero si uno tiene un plan de acción que seguir, resulta más fácil movilizar la energía necesaria para que el día sea un éxito. Cada noche, antes de acostarte, anota las cinco cosas más importantes que debes realizar al día siguiente.

A continuación, trabaja (y termina) en el punto más importante antes de pasar al segundo. Esto te asegurará que trabajarás en las tareas más importantes y obtendrás un alto rendimiento de tu tiempo.

Recuerda el principio 80/20. El principio 80/20 también conocido como regla de Pareto, aplicado a la productividad personal, postula que el 80% de los resultados provienen de sólo el 20% de los esfuerzos, y que el 20% de los resultados son producto del 80% de los esfuerzos.

Básicamente, el principio 80/20 afirma que solemos ser ineficientes. No dedicamos todo el tiempo y la energía que deberíamos a nuestras tareas más importantes. En cambio, intentamos hacerlo todo nosotros mismos, aunque no seamos muy competentes en algunas tareas.

Si quieres mejorar tu productividad en tu negocio, analiza qué es lo que haces que puede tener un impacto dramático en el crecimiento de tu empresa, enfoca tu atención en esa única cosa. Averigua cuál es ese 20% de proyectos de alta rentabilidad y asegúrate de concentrarte en realizarlos primero.

Escribir tus objetivos semanal o mensualmente te hace trabajar realmente en ellos y actuar más rápido. Si no eres específico y te limitas a decir, tendré dinero, o tendré más clientes, entonces sí, estas cosas vendrán, pero la pregunta es ¿cuándo? No tienes ninguna fecha límite para lograrlas. Pero si decides que para el 30 de mayo tendrás 6 nuevos clientes, entonces harás algo para conseguir esos clientes en lugar de rezarle a tu santo o esperar a ver si esto sucede.

¿Cuáles son sus objetivos para los próximos 30 días? Algunos responderán sin dudarlo mientras que otros necesitarán unos minutos para pensarlo. Una vez hice esta misma pregunta a un amigo y esto fue lo que me dijo: "Gracias por recordarme que tengo que trabajar en mis objetivos, la verdad es que lo había olvidado".

Toma la decisión que una vez al mes o a la semana vas a dedicar una o dos horas a trabajar en tu negocio, centrándote en: estrategias para conseguir más clientes, nuevos productos o servicios que ofrecer, campañas especiales para hacer más ventas y escribir artículos para publicar en tu boletín, blog o redes sociales para promocionar tu negocio.

Cuantos más enlaces consigas, más tráfico recibirás en tu página web (por cierto, ¿tienes página web? Si no es así, este debería ser uno de tus objetivos para los próximos 30 días). ¿Tienes una cuenta empresarial de redes sociales? Esta es una forma fácil y barata de comunicarte regularmente con tus clientes y prospectos, para promover y hacer crecer tu negocio. Este puede ser otro objetivo para los próximos 30 días.

Tómate el tiempo necesario para planificar estrategias que te ayuden a hacer crecer tu negocio. Considérate a ti mismo como tu cliente más importante. Haz por ti lo que haces por tus clientes. Tu negocio necesita toda tu atención, toda tu energía y toda tu dedicación. Tu futuro y tu éxito dependen de ello.

Y, por supuesto, no olvides los fundamentos de la gestión del tiempo. Intenta seleccionar los proyectos que sabes de antemano que tienen un alto potencial de rentabilidad e intenta dejar de lado los proyectos de menor prioridad.

Delega también la mayor cantidad posible de actividades de baja rentabilidad. Calcula el valor de tu tiempo e intenta delegar actividades de bajo valor, aunque tengas que pagar a alguien. Sin duda será dinero bien gastado.

Un último tip que puede ser de mucha utilidad para la gestión de tu nuevo emprendimiento: la mejor manera de incorporar tiempo para tus objetivos en tu agenda es establecer una cita contigo mismo. Y pase lo que pase, incluso si hay una emergencia con un cliente, nunca canceles esta cita contigo mismo.

6.2 ¿Qué actividades no debería delegar por completo?

Una de las formas en que muchas personas pueden aumentar su productividad y, por lo tanto, mejorar sus habilidades generales de gestión del tiempo, es aprendiendo a delegar responsabilidades en otros. Tanto en la vida personal como en la profesional, ningún hombre es una isla en sí mismo.

Cuando las limitaciones de tiempo y los plazos inminentes amenazan, no es la persona débil, sino la fuerte, la que puede asignar parte de la carga a otros.

Muchas personas con dificultades para gestionar el tiempo simplemente han asumido demasiado. En la vida personal puede ser difícil decir que no y en la vida profesional puede ser francamente imposible. Un cliente enfadado no es algo con lo que nadie quiera lidiar. Si te encuentras en un aprieto del que no puedes salir, puede que sea el momento en el que tengas que pedir refuerzos.

Siempre que sea posible, en el mundo profesional debe adoptarse un enfoque de equipo para los grandes proyectos y las tareas difíciles. Aunque a algunas personas les resulte difícil confiar en otros para que lleven su parte de la carga, aprender a delegar puede ser un paso importante para utilizar el tiempo de forma más eficaz.

Decide qué habilidades tienes y qué aspectos del proyecto se adaptan mejor a tu propio nivel de capacidad y creatividad. Asigna a otros tareas más pequeñas, como hacer copias o trabajos de investigación. De este modo, podrás dedicar tu tiempo y energía a los aspectos más importantes del trabajo.

En casa, las tareas pueden delegarse en otros miembros de la familia. Incluso el niño más pequeño puede aprender a hacer algunas tareas, como recoger los juguetes o colocar las toallas en una estantería. Al exigir a los niños que compartan parte de la carga de las tareas domésticas, también les estás enseñando a ser responsables y les estás ayudando a prepararse para la edad adulta.

Ningún empresario puede cosechar los frutos de su negocio si está dejando de atender a los clientes, si se queda sin tiempo y no puede facturar a sus clientes por ese tiempo, o si no puede completar sus proyectos.

Ser capaz de manejar con éxito los proyectos, es uno de los

indicadores clave de un emprendedor de negocios que gestiona bien su tiempo. Para determinar si realmente es hora de añadir un nuevo miembro a tu equipo, hazte la siguiente pregunta: ¿estás gestionando tu negocio como resultado de diversas crisis o por intención propia? ¿Estas apuntando hacia un resultado deseado?

El efecto que esto puede tener en el trabajo de los emprendedores, impacta en cualquier negocio potencialmente exitoso. Si eres honesto y admites que solo estás apagando fuegos en tu emprendimiento y realmente no sabes a dónde vas, tal vez es momento de empezar a delegar responsabilidades.

Aunque el concepto de delegar actividades existe desde hace años, su aplicación suele ser incorrecta y engañosa. La delegación NO consiste en que otras personas hagan tu trabajo. La delegación de actividades consiste en disponer de otros talentos y recursos para realizar algunas tareas, de modo que tú puedas concentrarte en otras más estratégicas.

Entonces, ¿qué tareas debo delegar y qué tareas debo hacer yo mismo? La distinción es obvia. Tus tareas estratégicas son las cosas más importantes que necesitas para hacer crecer tu negocio. No quieres distraerte con otras tareas repetitivas que puedes subcontratar a terceros. Sin embargo, si seleccionas a esos terceros sin cuidado, puedes poner en peligro tu negocio por completo. Por otro lado, si pones tus tareas subcontratadas en manos del mejor experto que puedas encontrar, podrías aumentar tu productividad.

Si no tienes experiencia en la subcontratación, puedes seguir estos pasos:

1. Determina qué tareas de tu negocio son estratégicas y cuáles

no.
2. Documenta los procesos de las tareas no estratégicas.
3. Investiga dónde encontrar a los terceros con los mejores talentos y recursos.
4. No es momento de regatear. Recuerda que siempre se obtiene lo que se paga.
5. Haz algunas pruebas y observa los resultados de la subcontratación. Si ves que esos terceros no son lo que te habían prometido, déjalos ir una vez que concluyan su periodo de prueba.
6. Dedica el 100% a tus tareas estratégicas. Tip: son las tareas que te harán ganar más negocios o tienen un mayor retorno de inversión.
7. Observa cómo tu productividad se multiplica y tu estrés se desvanece.

6.3 ¿Por qué es importante el estado de ánimo para obtener los objetivos?

Según estadísticas, en Latinoamérica el trabajador promedio trabaja entre 41 y 48 horas a la semana. ¿Quiere decir esto que somos demasiado productivos? Al contrario. De hecho, trabajar más horas no implica una mayor productividad y así lo representa Noruega, el país con mayor productividad del mundo y el tercero en la lista de los que menos horas trabaja.

Ahora te estarás preguntando, ¿qué los hace más productivos? En primer lugar, es importante entender que la persona promedio sólo es productiva 5 horas al día, pero nuestra jornada laboral media es de 8 horas, cada vez con menos gente tomando descansos y vacaciones que nunca.

En segundo lugar, también es importante diferenciar entre el estilo de vida y la felicidad. Nuestro nivel de vida se ve limitado por nuestras largas horas de trabajo y nuestros patrones de gasto. Lo cual tiene como resultado que estemos más agotados.

Este agotamiento disminuye nuestra productividad al tiempo que nos empuja a realizar actividades que no están necesariamente correlacionadas con la felicidad, sino simplemente con el deber ser.

Entonces, ¿cómo podemos maximizar la productividad al tiempo que disminuimos el estrés en nuestro entorno de trabajo? Centrándonos en nuestra felicidad.

Está demostrado que las empresas con los empleados más felices son también las más productivas. Sin embargo, en contra de la creencia popular, el dinero no compra la felicidad. De hecho, hay muy poca correlación entre ganar más de 50.000 dólares al año y la felicidad en general. Para la mayoría de las personas, la felicidad consiste en un bajo nivel de estrés, en la confianza y en la sensación de que son importantes.

Si la felicidad proviene de la confianza y de la sensación de que uno es importante, ¿qué puede hacer una organización para fomentar esos sentimientos? En primer lugar, una empresa debe contar con un equipo directivo que genere esa sensación de confianza y reconocimiento. Si ese es tu puesto, tienes trabajo por hacer. Una forma de crear un entorno de trabajo productivo, es proporcionar servicios que mejoren la vida de los empleados, como un servicio de consejería o terapia.

Los servicios impartidos por terapeutas, que se proporcionan como beneficio para los empleados, les da una visión tangible de que su empleador se preocupa por sus necesidades personales, así como, por su productividad. Esto promueve la lealtad y aumenta el rendimiento.

Es una forma útil y accesible de satisfacer las necesidades de los empleados, y ayudar a reducir sus niveles de estrés. De hecho, una empresa financió un estudio que demostró que el 62% de los empleados querrían recibir ayuda para hacer las cosas, y creían que la ayuda reduciría el estrés en sus vidas. Además, al menos el 50% de los trabajadores pagaría por tener más tiempo con sus familias.

Estas estadísticas refuerzan la afirmación de que la felicidad no está necesariamente ligada al dinero, sino al estilo de vida. Si crees que a tu empresa le vendría bien un pequeño impulso en la productividad y la lealtad de los empleados, quizá sea el momento de analizar realmente lo que necesitan tus empleados. Busca formas de añadir un poco de luz a la vida de tus empleados, y verás cómo tu entorno de trabajo se convierte en un lugar positivo y productivo.

6.4 ¿Cómo manejar el estrés?

El estrés en el trabajo es inevitable. No puedes evitar que llegue, pero sí puedes cambiar la forma en que lo manejas. En lugar de tener una crisis en medio de la oficina, ¿por qué no pruebas uno de estos 5 reductores de estrés rápidos y sencillos?

1. Tómate un descanso.

Es fácil dejarse llevar por los sentimientos, cuando todos los que te rodean parecen unos incompetentes. Pero recuerda que tus compañeros de trabajo también están intentando pasar el día lo mejor posible. En lugar de perder la calma, intenta tomarte un breve descanso. Alejarse de la situación siempre ayuda.

Da un paseo hasta otro departamento. Respira profundamente mientras vas. Bebe un poco de agua fresca. Coge un chicle y mastica tus ansiedades. Básicamente, trata de alejar tu atención de lo que te está causando angustia, para ayudarte a manejarlo mejor cuando vuelvas.

2. **Busca apoyo.**

A veces, lo que más te estresa a ti, también está poniendo de nervios a los demás. ¿No puedes soportar que la fotocopiadora se estropee una vez más? Quizá sea el momento de que tú y el resto del personal de la oficina ordenen una nueva.

¿Preocupado porque no vas a cumplir tu gran plazo? Delega algunas de las prioridades más pequeñas o pide ayuda. A menudo, asumimos más de lo que podemos manejar innecesariamente, cuando otros en la oficina están más que dispuestos a arremangarse y ayudar.

Aunque la responsabilidad principal recaiga en ti, a veces basta con tener una caja de confianza extra para salir adelante y ayudar a aliviar parte de la carga.

3. **Sé amable contigo mismo.**

Cuanto más estresados nos sentimos, más duros parecemos ser con nosotros mismos. ¿Te sientes abrumado por ese nuevo proyecto? No reacciones diciéndote a ti mismo que no puedes manejarlo - ¡es probable que sí puedas! Alivia parte de ese estrés cambiando las prioridades y reprogramando los plazos.

4. **Encuentra una solución.**

Todo problema tiene una solución. Sólo tienes que encontrarla. Preocuparse por un problema o estresarse por la falta de control sobre un asunto relacionado con el trabajo no resolverá nada. Afrontarlo de frente sí lo hará. Sea cual sea la causa del estrés en tu vida laboral, busca una solución y luego encuentra la manera de ponerla en práctica.

5. Mantente positivo.

Lo más importante que hay que recordar sobre el estrés es esto: la mayor parte es temporal. Puede parecer que las cosas no van a cambiar nunca o que van a mejorar, pero tienden a ir y venir, mejorando y volviendo a empeorar.

Intenta mantenerte positivo incluso en la situación más estresante y verás que mejora más rápido —o al menos lo parece —y es mucho más tolerable que cuando te dejas llevar por una espiral de estrés y ansiedad.

Siempre habrá tensiones que escapen a tu control. La clave para manejar esas situaciones, es darse cuenta de que a veces te encontrarás con un obstáculo, pero finalmente también te liberarás y encontrarás la vida en el trabajo más tolerable una vez más.

En términos de negocios, la mayoría de los empresarios suelen tener miedo de avanzar demasiado rápido en los proyectos empresariales, o de tomar decisiones con demasiada rapidez.

Por muy razonable que pueda sonar esto, a menudo puede tener el efecto contrario y hacer que las personas se muevan demasiado lento, rápido o no hagan nada en absoluto. Esto trae consecuencias negativas, bajo rendimiento o errores en los negocios, que sin duda son un detonador para el estrés.

Por eso siempre debe haber un modelo de negocio formulado, una estrategia de marketing seguida, y un plan de acción para lograr los objetivos del negocio. Todo esto está relacionado con la capacidad de diseñar, manejar eficazmente el tiempo y los recursos, y descubrir lo que funciona para el negocio.

Planificar a diario puede parecer mucho trabajo, pero en realidad, cuando se convierte en un hábito, se convierte en algo natural. Los estudios demuestran que se necesita un promedio de veintiún veces para que algo se convierta en un hábito. Cuando algo se convierte en un hábito, es mucho más sencillo de mantener que si es nuevo o desde el principio.

Los emprendedores tienen total flexibilidad y comodidad en sus ocupaciones. No hay nadie que esté por encima de ellos ordenando su día, diciéndoles lo que tienen que hacer, cuándo lo tienen que hacer, cómo lo tienen que hacer, etc. Con toda esta libertad, un individuo indisciplinado no entenderá cómo gestionar eficazmente su tiempo, cuándo decir que no a determinados proyectos o nuevos negocios. Muchos empresarios posponen sus deberes u obligaciones laborales, por motivos muy diversos. Hacer esto puede causar una tensión increíble, y hacer que se maneje o trabaje en modo de crisis.

Entonces, ¿cómo podemos identificar los detonadores del estrés, y manejarlos adecuadamente en nuestro espacio de trabajo?

- Empezar el día sin un plan de acción

   Si empiezas el día sin un plan de acción, ¡estás condenado desde el principio! Empiezas tarde y te sientes dominado desde el principio. Entonces, pasas el día a la defensiva y en estado de crisis.

   Asimismo, es posible que te encuentres respondiendo de forma apresurada y arbitraria a los problemas y acontecimientos de los demás, y que los sitúes por encima de tus propios problemas.

- No hay equilibrio.

Hay 7 áreas clave en nuestras vidas en las que tenemos que practicar el equilibrio para sentirnos bien y tener éxito:

1. Bienestar - cómo se siente tu cuerpo y cómo reacciona a los estimulantes externos.
2. Sentirnos amados - tiempo de calidad y responsabilidades con los seres queridos.
3. Financiera - cantidad de cargas fiscales y obligaciones de ingresos.
4. Intelectual - cómo los estimulantes exteriores afectan a tu vida.
5. Social - cómo interactúas con otras personas.
6. Profesional - los procedimientos que utilizas para avanzar en tu carrera.
7. Espiritual - tu relación con un poder superior y con otras personas.

Cada una de estas áreas requiere nuestro tiempo diario para completarse, aunque puede que no todas reciban el mismo tiempo cada día. No es tan crucial dedicar un tiempo significativo a cada área, pero sí es crucial dedicar un poco de tiempo a cada una de ellas, para mantenernos en equilibrio mental y emocionalmente.

A la larga, nuestra vida será equilibrada y armoniosa si dedicamos una cantidad y calidad de tiempo suficiente a cada área. Sin embargo, si descuidamos alguna de estas áreas, podemos sabotear rápidamente nuestro éxito.

Por ejemplo, si no cuidamos nuestro bienestar, nuestros seres queridos y vida social quedará resentida. Del mismo modo, si estamos desequilibrados en cuanto a nuestros recursos monetarios, no podemos centrarnos adecuadamente en nuestros objetivos profesionales, sueños de carrera y otras áreas cruciales de enfoque.

- Espacio de trabajo desordenado
Un espacio de trabajo desordenado puede producir un cerebro de trabajo desordenado, y, en otras palabras, estresado. Los problemas surgen cuando no se pueden encontrar los documentos comerciales cruciales o localizar la información para los clientes.

Estas cosas provocan el caos, el desorden y la confusión, pero también pueden provocar pérdidas de ingresos y retrasos en la facturación. Se han realizado estudios que demuestran que una persona que trabaja con un escritorio desordenado, pasa entre una y dos horas al día buscando cosas o distrayéndose con ellas. Esto puede suponer una importante pérdida de horas a la semana.

- Descanso deficiente
El mal descanso es el culpable de que muchos empresarios no alcancen sus objetivos ni vean resultados en sus negocios. No dormir lo suficiente puede conducir a decisiones mal tomadas, o a selecciones irracionales en lo que se refiere a funciones empresariales cruciales.

Los estudios han demostrado que casi el 75% de los emprendedores no duermen como deberían, y que sus negocios se ven afectados inadvertidamente a causa del estrés ocasionado.

Si la falta de sueño no afecta negativamente, lo hará la calidad del sueño. Esto quiere decir que, cuando consigas descansar, será un sueño agitado e inquieto debido al estrés y a otros componentes como la ansiedad y preocupación.

Los días llenos de estrés son peligrosos y pueden acabar siendo perjudiciales. La clave es adquirir el suficiente descanso y el sueño adecuado para experimentar menos tensión y ser más productivo.

- No tomar descansos
  Tomar descansos frecuentes es algo que los emprendedores suelen pasar por alto. Como no tienen una rutina o un horario, sienten que no deben o no pueden considerar los descansos. También pueden pensar que hacerlo es una pérdida de tiempo. Eso no puede estar más alejado de la realidad. Tomar suficientes descansos es vital para el éxito diario.

Sienten que, si trabajan sin descanso, pueden conseguir más logros y ser más productivos. Desafortunadamente, si el cuerpo está agotado, la reacción y la creatividad se ven gravemente obstaculizadas y pueden hacer que la calidad del trabajo se vea comprometida, lo cual incrementa el estrés en gran medida.

6.5 ¿Cuál es el valor de mi tiempo?

El tiempo es tu activo más valioso y preciado. La gente toma medidas extremas para proteger su dinero y sus posesiones, pero hace muy poco para proteger su tiempo, la única cosa que el dinero nunca puede comprar. Aprender a valorar tu tiempo es una poderosa estrategia para superar la procrastinación y sacar el máximo partido a tu vida. Cuando uno valora algo, lo cuida y lo protege.

Definitivamente el mejor regalo que Dios le dio al hombre es el tiempo. Todo en este mundo se rige por el tiempo, desde una cosa insignificante como un segundo que se gasta en coger un lápiz hasta el discurso más importante del presidente. Por lo tanto, no es de extrañar que la gente se esfuerce por maximizar su tiempo mediante una gestión adecuada.

Todos en este mundo somos mortales, y el promedio de vida de los humanos también está mostrando una disminución, hay tantas catástrofes naturales que ocurren debido al abuso que causamos al medio ambiente, el reciente impacto que acabamos de experimentar con el Covid nos lo prueba una vez más. Tal vez esta es la razón por la que todo el mundo está tratando de hacer todo en un corto período de tiempo.

Tu tiempo es limitado. ¿Te has preguntado alguna vez de cuántos días dispones en tu vida? A primera vista, podrías suponer que son cien mil o incluso un millón. Pues esta es la realidad: si llegas a los 70 años, tu vida entera sólo tendrá 25.550 días.

Si tienes 30 años, sólo te quedan 260.000 horas más y un tercio de ellas las pasarás durmiendo.

Tienes tanto tiempo como Bill Gates, Tony Robbins, Jeff Bezos, Oprah Winfrey o cualquier otra persona de este planeta. La única diferencia está en la forma en que utilizas tu tiempo. No permitas que la procrastinación o tu mala gestión del tiempo te roben tu bien más preciado.

¿Cuándo trabajas mejor? A la hora de organizar el día, es importante pensar en el momento en que trabajas mejor. Algunas personas son muy productivas a primera hora de la mañana, mientras que otras prefieren trabajar más tarde e incluso por la noche. En general, la mayoría de las personas son productivas al principio de su jornada laboral y luego empiezan a decaer a medida que avanza el día.

Lo ideal es que te fijes un horario de trabajo, por ejemplo, de 9 a 17 horas de lunes a jueves, con una pausa para comer entre las 13 y las 14 horas. Haz saber a la gente que te rodea que ése es tu horario de trabajo, y que, durante esas horas deben tratarte como si estuvieras trabajando en una oficina corporativa, lo que significa no molestarte con cosas familiares o sociales.

Dentro de tu horario de trabajo debes intentar estar totalmente concentrado, pero también debes intentar no hacer nada relacionado con el trabajo fuera de las horas que has establecido. Como ya se ha dicho, cerrar la puerta de la oficina es una forma más de separar la vida laboral del tiempo de ocio.

El tiempo es lo más preciado que tiene la humanidad. Cada segundo que pasa cuenta y tenemos la completa responsabilidad de asegurarnos de utilizar cada segundo que pasa para nuestro máximo beneficio.

Hoy en día todos vivimos en un mundo muy acelerado y hay muchas cosas que hacemos en un corto espacio de tiempo, mientras que antes esto no era posible. Lo que tenemos que analizar es si estamos obteniendo el máximo beneficio de ello o si sólo estamos terminando una tarea por terminarla.

Aunque no seamos capaces de controlar el tiempo, es posible

utilizarlo de tal manera que se pueda extraer el mayor valor posible empleando las herramientas adecuadas.

No podemos disfrutar de todas las cosas que nos ofrece la vida, en ocasiones ni siquiera tenemos el poder de hacer todo lo que deseamos, pero lo que si podemos asegurarnos es de utilizar nuestro tiempo de tal manera que consigamos lo máximo posible de cada minuto que tenemos.

Los filósofos dicen que el principal objetivo del hombre en este mundo es buscar la felicidad, por lo que nuestra gestión del tiempo también debería basarse en este factor. En última instancia, es la sensación de plenitud que buscamos, la que nos hace felices y nos da la sensación de bienestar después de terminar cada tarea.

6.6 ¿Intentar y equivocarse es perder el tiempo?

Puedes pensar: *"Todo lo que hice, no sirvió de nada. Después de todo lo que intente, al final fracase"*. Todos hemos experimentado ese terrible sentimiento de derrota interna que nos hace pensar que todo lo que hacemos y hagamos en el futuro será un rotundo fracaso, y que nuestros esfuerzos han sido en vano. En otras palabras, que estamos destinados al fracaso.

¿Pero es realmente cierto esto? Si tomamos en cuenta que siempre aprendemos de los errores, realmente se puede decir que en algunas ocasiones salimos ganando.

Si me lo preguntas te diré que, en términos de gestión del tiempo, considero que es mejor cometer errores que no hacer nada.

Mis padres me enseñaron muchas cosas sobre la vida, recuerdo claramente que mi padre me sentó cuando tenía unos catorce años y me habló de este tema. Me dijo que pensaba que yo era una persona decente que distinguía el bien del mal, pero que era consciente de que cometería algunos errores.

Continuó diciendo que no me pediría que volviera a casa a cierta hora de la noche, y que me dejaría tomar mis propias decisiones. Si en algún momento escuchaba o se enteraba de que había hecho algo que consideraba incorrecto, no me regañaba, sino que me preguntaba si estaba de acuerdo en que había estado mal. Si estaba de acuerdo, se acababa el asunto, el problema sólo se produciría si volvía a cometer el mismo error, ya que, eso significaba que no había aprendido de la experiencia.

Soy una persona muy competitiva, debo reconocer que no me gusta perder. Sin embargo, he tenido que aceptar que a veces pierdo, ¿y sabes qué? No pasa nada. Todos nuestras decepciones -- y logros -- son temporales. Pero cuando pierdo o fracaso en algo siempre me pregunto: ¿qué podría haber hecho diferente hoy? ¿Qué podría hacer diferente la próxima vez para que el resultado sea positivo?

Todo es parte de la curva de aprendizaje. Si, convertir tus derrotas en experiencias de aprendizaje es extremadamente poderoso cuando consideramos el costo de aprender cualquier cosa de valor.

Cuando te sientas deprimido, mira hacia atrás para ver todo lo que has conseguido.
Cuando emprendas tu próximo proyecto, recuerda que ya no estás comenzando de cero, sino que llevas una gran experiencia en tu arsenal de recursos.

Siempre es útil recordar que nuestro cerebro no puede

albergar pensamientos positivos y negativos al mismo tiempo. Si te mantienes positivo, disiparás los patrones de pensamiento negativos. Incluso si te encuentras con pequeños obstáculos que se interponen en el camino de tus objetivos, no te rindas.

Céntrate en encontrar una solución, en lugar de centrarte en el problema utiliza una respuesta positiva. Centrarte en la búsqueda de soluciones te permite poner a trabajar tu cerebro para encontrar formas de evitar las cosas.

Si sólo ves un obstáculo como un problema y aceptas que la vida te ha dado un golpe, y dejas que te detenga en tu camino, entonces nunca aprenderás ni crecerás. Recuerda que los niños aprenden a caminar cayéndose. Céntrate en los logros a largo plazo que quieres alcanzar, y será más fácil superar tus problemas.

Conclusiones

Sí, estás ocupado. Todo el mundo está ocupado hoy en día. Desde los padres que se quedan en casa criando a sus hijos a tiempo completo, hasta los directores generales de empresas multimillonarias, todo el mundo está ocupado. Sin embargo, todo el mundo tiene las mismas 24 horas al día para hacer cosas, así que tenlo en cuenta si tienes la costumbre de pensar que tu situación es diferente a la de los demás.

¿Te gustaría empezar a ser más productivo ahora mismo? ¿Quieres dejar de perder tu precioso tiempo y llevar tus proyectos a término?

Ser realmente productivo de forma constante requiere un esfuerzo, y definitivamente no es algo fácil de hacer. Sin embargo, si estás preparado para actuar y cambiar tu forma de hacer las cosas, un aumento de la productividad puede transformar tu vida.

Escoge una hora del día en la que te sientas en tu mejor momento, y enfócate, durante un periodo de tiempo cada día, para darte un verdadero impulso de productividad. Desarrolla tus propios métodos para esconderte del mundo exterior durante un periodo de tiempo cada día y verás cómo aumenta tu rendimiento.

Muchos de nosotros caemos en la trampa de estar ocupados, en lugar de ser productivos. Para ser más productivo, debes dominar el arte de centrarte en una cosa a la vez, y dedicarle tu mayor esfuerzo y atención, hasta que esté hecha. Si te aburres mientras trabajas, tómate un breve descanso y recuerda cuál es el objetivo final de lo que estás haciendo y cuál será la recompensa final.

El aumento de la productividad está tan cerca como tu próximo pensamiento. Recuerda que todo cuenta. Cada acción que realices, así como las que no realices, pueden ayudarte a avanzar hacia tus objetivos. Recuérdate constantemente tu necesidad de ser más productivo y disciplínate para hacer lo correcto.

No te auto castigues si tienes un contratiempo, pero asegúrate de recompensarte de alguna manera por cada acción que haga subir tu productividad.

Programar tu tiempo y ser realista sobre el tiempo que necesitas para hacer las cosas es sólo el principio. Darte cuenta de que tienes muchas cosas que hacer cada día y de que podrías resetear tus hábitos de productividad, no es suficiente para lograr el cambio.

Tienes que mantenerte firme y seguir el plan para aumentar tu productividad. Si vas a salir de casa 30 minutos antes para evitar el tráfico, hacerlo sólo de vez en cuando no te va a suponer una gran cantidad de tiempo adicional a largo plazo. Evitar a tus chismosos compañeros de trabajo en la sala de descanso un día, pero mantener una conversación de 20 minutos con ellos al día siguiente sólo servirá para anular tus esfuerzos.
En casa, evitar las distracciones en el hogar cada lunes y martes, pero luego aflojar en tu propósito de ser más productivo al final de la semana, no te permitirá obtener los beneficios acumulados de tus esfuerzos.

Independientemente de los sistemas que pongas en marcha para aumentar tu productividad, sigue las reglas básicas que aprendiste en este libro y conseguirás el éxito a largo plazo: Programa su tiempo, se realista sobre lo que tiene que hacer cada día y el tiempo que te lleva, y sigue un buen plan de acción para empezar a aumentar tu productividad. Estos hábitos no sólo la aumentarán, sino que también aumentarán tu éxito en la vida.

Espero que este libro te haya resultado útil y que te haya proporcionado algunos buenos consejos y estrategias para aumentar tu productividad. Ahora depende de ti... ¿Qué esperas? ¡Sal allá afuera y haz lo que tengas que hacer!

www.ingramcontent.com/pod-product-compliance
Lightning Source LLC
Chambersburg PA
CBHW060851220526
45466CB00003B/1327